中华古籍保护计划

ZHONG HUA GU JI BAO HU JI HUA CHENG GUO

·成 果·

日本永青文库捐赠汉籍入藏
中国国家图书馆特展图录

书卷为媒
友谊长青

国家图书馆　国家古籍保护中心　编

国家图书馆出版社

编纂委员会

主　编：饶　权

编　委（按姓氏笔画排序）：

于　瑞　王　玉　王　沛　王俊双　包菊香

向　辉　全凤燕　安　平　李文洁　李　坚

李　周　杨照坤　辛　璐　宋宇馨　张立朝

陈红彦　陈怡爽　林世田　郑小悠　赵文友

赵诗迪　赵洪雅　胡　平　胡静伟　洪　琰

贾大伟　顾　恒　郭　静　萨仁高娃　葛倍伊

谢冬荣　谢　非　魏嘉明

素王，丘明素臣，又非通論也。箋曰：非通理之論也。先儒以爲制作三年，文成致麟，既已𡝩妄。箋曰：石經、宋本𡝩作妖，後皆從之。又引經以至仲尼卒，亦又近誣。據公羊經止獲麟，而左氏小邾射不在三叛之數，箋曰：小邾射以句繹來奔，與邾黑肱之徒義無以異，傳稱書三叛人名，不通數此人以爲四叛，知麟下之經傳不入例也。故余以爲感麟而作，作起獲麟，則文止於所起，爲得其實。至於反袂拭面稱吾道窮，亦無取焉。箋曰：杜既取公羊麟止獲麟，而公羊獲麟之下，即有此傳，嫌其并取之，故云亦無取焉。

春秋經傳集解隱公第一　杜氏　盡十一年

箋曰：魯國姬姓，文王第四子周公旦之後也。周公股肱周室，成王封其長子伯禽爲魯侯，都於曲阜，今山東兗州府曲阜縣是也。伯禽十三世傳至隱公，又二百四十有二年，爲哀公之十四年，西狩獲麟，春秋以終。後九君，至頃公讎爲楚所滅。隱公名息姑，惠公子，聲子所生，平王四十九年即位。魯實侯爵，而稱公者，聘禮、大射儀、燕禮，五等諸侯皆稱公，而公食大夫禮又以名篇，則公是諸侯之通稱也。故外諸侯亦卒各以其爵，而葬必稱公。詩云公言錫爵，衛侯也。又云從公于狩，秦伯也。皆謂君爲公。公子、公孫、公宮、公門之類皆然。杜氏名預，字元凱，不言名而言氏者，正義云，注述之人，義在謙退，不欲自言其名，故但言杜氏。此說非也。兩漢以來，儒者以明經爲業，何所謙退而隱其名乎。蓋當時杜義盛行，經師稱爲杜氏，以別賈服耳。漢晉諸儒所注，多稱爲傳，或謂之爲注，而此於杜氏之下更無稱謂者，以集解之名已題在上，故止云杜氏而已。

周平王東周之始王也隱公讓國之賢君也考乎其時則
箋曰祥編也

相接言乎其位則列國本乎其始期周公之祚亂也、

若平王能所天永命紹開中興、箋曰與宋本作興後皆從宋本、隱公能加宣

祖業、箋曰宋本加作弘後皆從宋本、光啓王室則西周之美可尋矣武之跡

不墜、箋曰宋本跡作迹墜作隊、是故因其歷數附其行事来周之舊以會

成王義垂法將來、箋曰周之舊周公之舊典也會成一王之大義、王義謂會合舊典成一王之大義、所書之王卽平

王也、所用之歷卽周正也所稱之公卽魯隱也安在其翻

周而王魯乎、子曰如有用我者、吾其為東周乎、此其義也、

若夫制作之文所以章社考来、情見平辭言高則旨遠辭

約則義微、此理之常、非隱之也、聖人巷周身之防、箋曰周身連讀苞周

身之防者、謂聖人防慮必周於身、自知無患方始作之、苞兼也苞石經宋本並作包、

既作之後方復隱諱以避患

非所聞也、子路欲使門人為臣、孔子以為欺天、而云仲尼

前　言

　　2018年是《中日和平友好条约》缔结40周年。6月26日，日本前首相、日本公益财团法人永青文库理事长细川护熙将36部4175册汉籍无偿捐赠中国国家图书馆，为中日两国的友谊之树再添新枝。此次捐赠是1949年中华人民共和国成立以来日本友人向中国无偿捐赠汉籍规模最大的一次，既延续了两国历史上"以书会友"的友好交流传统，也开启了海外汉籍实体回归的新篇章，对于增进两国之间的相互理解和友好感情、共同推动中日关系不断向好、助力海外流散文物的回归发挥着不可替代的示范与促进作用。

　　有感于《中日和平友好条约》缔结40周年意义重大，2018年初，已是耄耋之年的日本前首相、永青文库理事长细川护熙主动通过日本外务省向中国使馆表达了捐赠汉籍的美好愿望。这一消息立刻引起了我国政府的高度重视。文化部（现文化和旅游部）即刻指示中国国家图书馆组织古籍版本专家，于2月8日成立代表团赴日考察，就捐赠事宜进行磋商洽谈。

据考察，日本永青文库的 36 部 4175 册汉籍是一批重要的古籍资源，具有较高的学术价值、版本价值和文物价值：一、从内容上看，此批汉籍的主体部分属于汉籍当中的要籍。经部如清阮元辑刻的《皇清经解》一千四百八卷，唐孔颖达《尚书正义》经注疏合刻本；史部如二十四史、《史记评林》《三国志》《资治通鉴》；子部如《群书治要》《佩文韵府》；集部如李善注《文选》；丛书如《四部丛刊》。二、从版本上看，这批要籍的主体部分属于官版或家刻本，即学界普遍认为可靠的文本。三、从完缺情况看，保存较为完整，属于洪亮吉《北江诗话》当中的"考订家之藏书"这一派别。

回国之后，考察团将此批汉籍的情况作了详尽汇报。文化和旅游部雒树刚部长就此事做出重要批示：同意中国国家图书馆接收日本永青文库捐赠汉籍！并指示中国国家图书馆认真做好此批汉籍的收藏保管和服务利用工作。

捐赠事宜一经敲定，一系列筹备事宜便紧锣密鼓地开展起来。在文化和旅游部的全力支持下，中国国家图书馆上下一心，全力开动，与海关总

教其民以禮義田蠶織

曰八具見日其家奴女子爲婢欲自

羞之嫁取無所讎一曰師古曰讎

門戶之閉婦人貞信不

籩豆若今之槃以木爲之槃音盤其敬及此

人往往以杯器食效師古曰

於遼東夷見民無閉藏

薄今於犯禁寖多至六

東夷天性柔順異於三

不行設桴於海欲居九

分爲百餘國以歲時來

署、中国驻日本大使馆等机关单位紧密配合，历经数个月的筹备策划，圆满地完成了报关、押运、点交、策展等一系列工作。6 月 11 日，36 部 4175 册汉文典籍终于在东京成田机场装机、起飞，满载着日本友人对中日世代和平友好的向往与祝福，飞跃 2400 多公里的直线距离，在北京首都机场安然落地。这不仅是海外中华古籍实体回归的一件大事，也是中日文化交流史上的一件盛事！

2018 年 6 月 26 日，日本永青文库汉籍捐赠仪式在中国国家图书馆隆重举行。历经日本细川家族三代珍藏的 36 部 4175 册汉籍正式入藏中国国家图书馆。为使此批汉籍能够得到更好的展示，中国国家图书馆还策划举办了"书卷为媒 友谊长青——日本永青文库捐赠汉籍入藏中国国家图书馆特展"，以中日两国纵贯千年、源远流长的书籍之路为主线，全方位地展示此批永青文库所捐汉籍的文化内涵和历史意义。

为做好永青文库捐赠汉籍的保护和利用，展现此批汉籍捐赠对于增进中日友谊、中日文化交往和中日典籍交流的示范意义，中国国家图书馆在恒温恒湿的善本书库内设立了永青文库捐赠汉籍专藏，并向读者提供原件

阅览服务。同时，为了加强对此批汉籍的再生性保护，促进其在更大范围内的传播和利用，中国国家图书馆还启动了此批汉籍的数字化工作，建立永青文库捐赠汉籍专题数据库，秉承边建设边服务的原则，陆续面向全球公众提供免费查阅服务；并选择部分具有重要学术价值和意义的捐赠汉籍影印出版，化身千百，服务社会。

7月26日，中国国家图书馆（国家古籍保护中心）组织专家学者召开了"日本永青文库向中国国家图书馆捐赠汉籍专家座谈研讨会"，进一步探讨日本永青文库捐赠汉籍的学术价值。据山东大学文学院院长、教授杜泽逊先生研究，从版本上看，此批汉籍还具有如下特点：

1. 初刻本或较原始的刻本。如王先谦《皇清经解续编》光绪十二至十四年（1886-1888）南菁书院、江苏书局刻本，王先谦《尚书孔传参正》光绪三十年虚受堂刻本，皮锡瑞《今文尚书考证》光绪二十三年师伏堂刻本等。

2. 渊源于古刻善本的版本。如日本弘化四年（1847）熊本藩时习馆刻《尚书正义》，是影刻日本足利学校藏南宋两浙东路八行本。日本江户刻《春秋经传集解》，是据日本庆长古活字本翻刻，而庆长本出于五山版，五山版出于南宋兴国军学本。光绪十七年江苏书局刻《故唐律疏议》是重刻孙星衍《岱南阁丛书》本，孙本则是影刻元至正余志安勤有堂本，江苏书局本还增加了影宋抄本《音义》一卷附于后。

3. 后出转精的精校本或精校本的重刻本。如李鼎祚《周易集解》嘉庆二十三年（1818）木渎周氏刻本，出于乾隆卢见曾雅雨堂本，而雅雨堂本是精校本。《经典释文》同治八年（1869）崇文书局刻本出于卢文弨抱经堂刻本，而卢文弨本属于精校本。《说文解字注》民国二十二年（1933）扫叶山房石印本，源于民国三年蜚英馆石印本，经过校勘发现，蜚英馆的本子比段玉裁经韵楼本错字减少许多。《资治通鉴》日本天保七年（1836）津藩有造馆刻本是重刻天启陈仁锡本，比较平常，但是书眉上有江户时代日本学者精心校勘的校记。方孝孺《方正学先生逊志斋集》同治十一至十二年宁海知县孙熹刻本，也是一个校勘较好的后出版本。

4. 值得重视的日本版本。如日本竹添光鸿的《左氏会笺》，底本是日本最古老的写本，竹添光鸿又校勘了许多旧本，网罗了大量旧注，加以精心选择，加上自己的研究心得，使这部书成为一部版本讲究、校注都具功力的代表性著作。又如《群书治要》，日本天明七年（1787）刻本是这部书的最早的刻本，也是《四部丛刊》的底本。江户刻本《左传》、弘化四年日本熊本藩影刻八行本《尚书正义》也是日本刊本的名品。

"盖文章，经国之大业，不朽之盛事。"中日两国自古以来就是文字相通、文化同源的邻邦。两国之间舟楫往还，在文学、艺术、宗教、技术等诸多方面不断碰撞出思想的火花，并以汉字为媒介，共同书就了浩如烟海的汉文典籍，创造出中日两国乃至全世界共同的文化遗产与精神瑰宝。谨将此次展览中中日两国的珍贵书影集为图录，纪念这一文化交流的不朽盛事，为《中日和平友好条约》缔结 40 周年献礼！

本书编委会

2018 年 10 月

目录

第三单元

或言是兵法之類上者遠其疏張置以會圍四而成得

中者則務相絕遮要以爭便求利故勝負狐疑頃計

下者則守邊隅趨作罫以自生於小地春秋而下代有

弈棊之道從來尚矣今取勝敗之要於十三篇有與棊

亦附于中乇爾

棊高篇第一

之數從一而起高之路三百六十一者生數之主擾其極

方也三百六十以象周天之數分而為四以象四時

十路以象其曰外周七十二路以象其候枯棊三百

以德为邻
世代友好

草字彙

鑒藁石梁集

一　伯英

右軍　　金

襃　　丁過庭

懷素　七右軍

大令

二三丁丁七

一

鱓

万唐太宗

寶晉　丈古帖

鱓

三大令

七万丈丈人

鱓

2015年5月23日，习近平主席在中日友好交流大会上指出："上世纪70年代，毛泽东主席、周恩来总理、邓小平先生和田中角荣先生、大平正芳先生等两国老一代领导人，以高度的政治智慧，作出重要政治决断，克服重重困难，实现了中日邦交正常化，并缔结了和平友好条约，开启了两国关系新纪元。"1972年《中华人民共和国政府和日本国政府联合声明》、1978年《中日和平友好条约》、1998年《中日联合宣言》和2008年《中日关于全面推进战略互惠关系的联合声明》的陆续签署，确立了中日两国世代友好、共同发展的崇高目标，为中日关系的全面发展奠定了坚实基础。

　　习近平主席同时指出："邻居可以选择，邻国不能选择。'德不孤，必有邻。'只要中日两国人民真诚友好、以德为邻，就一定能实现世代友好。"从《论语》中汲取的"以德为邻"的周边外交新理念，体现了文献典籍中蕴藏的历史智慧，是推动中日两国交流合作、互学互鉴的思想源泉。

論語卷第二

正一千二百一十二字　注一千九百三十一字

子游曰事君數斯辱矣朋友數斯疏矣
故必有鄰也

子曰德不孤必有鄰　方以類聚同志相求
子游曰事君數斯辱

子曰敏於言而敏於行　言欲遲鈍而行欲敏

則驕溢則招禍儉則無憂患也

子曰以約失之者鮮矣　孔安國曰俱不得中也奢

者為恥其身行之將不及也子

曾氏曰古之人言不妄出口也

论语十卷

（宋）朱熹撰　民国商务印书馆四部丛刊本

日本永青文库捐赠

　　习近平主席在中日友好交流大会上指出："邻居可以选择，邻国不能选择。'德不孤，必有邻。'只要中日两国人民真诚友好、以德为邻，就一定能实现世代友好。"从《论语》中汲取的"以德为邻"的周边外交新理念，体现了文献典籍中蕴藏的历史智慧。

曰以約失之者鮮矣　孔安　不得

則驕溢則招禍儉　子曰君

約則無憂患也　罟民曰訥　子曰

於言而敏於行　罟民　言欲遲鈍

也每敏　子曰德不孤必有鄰　方同

　　1972 年 9 月 25 日，日本首相田中角荣访问中国。9 月 27 日晚，毛泽东主席在中南海书房内接见田中角荣首相一行。会谈结束后，毛泽东主席将影印宋刻本《楚辞集注》赠予田中角荣首相。以古代典籍作为国礼相赠，表达了中日交流文化同源、以史为鉴的深刻内涵，开启了两国外交"书卷为媒，友谊长青"的美好篇章。9 月 29 日中日两国政府在北京签署《中华人民共和国政府和日本国政府联合声明》，宣布中日双方"同意进行以缔结和平友好条约为目的的谈判"，并标明《中日联合声明》的内容还将以签订和平友好条约的形式加以确定。中日邦交实现正常化，揭开了两国关系史上新的一页。

　　1978 年 8 月 12 日，《中日和平友好条约》在京签字。这是继邦交正常化之后两国关系的重要里程碑。条约以法律形式确认了《中日联合声明》的各项原则，明确宣示中日两国要世代友好下去，为中日关系确立了政治基础和法律规范，指明了正确方向。

　　1994 年，江泽民主席在会见细川首相时说："中日关系进入全面发展新时期。"

人民文學出版社景印北京圖
書館藏宋端平刊本版匡尺寸
悉照原書　共印五百部此為第六部

楚辞集注八卷辩证二卷后语六卷

（宋）朱熹集注　（宋）朱鉴编辑　人民文学出版社
1953 年影印本

《楚辞集注》成书于南宋庆元五年（1199），在汉代
王逸《楚辞章句》与宋代洪兴祖《楚辞补注》的基础上
编纂而成，多有创见，是研究《楚辞》的最佳善本。该
书所据底本为现存最早、最完备的版本。

中国国家图书馆藏

以德为邻　世代友好

第一单元

七

1972 年 9 月 28 日，周恩来总理在与田中角荣首相的会谈中指出，我们重建邦交，首先要讲信义，这是最重要的，我们跟外国交往，一向是守信义的。我们总是说，我们说话是算数的。中国有句古话说"言必信，行必果"，你们这次来表现了这个精神。随即，周恩来总理应田中首相的请求，为他题写了"言必信，行必果"六个字，田中首相也题写了"信为万事之本"回赠周恩来总理。两国政府首脑以"信"为题，以史为源，在文辞往还中确立了两国间互信互鉴、合作共赢的双边关系，是两国关系史上一段佳话。

四书集注二十一卷

（宋）朱熹撰 **鲁斋许先生直说大学要略一卷** （元）许衡撰 明成化十六年（1480）吉府刻本

《论语》是孔子思想学说的集合，其核心是"仁"。《论语》含有大量修身、治国的理念，其中的"为政以德""言必信，行必果"等等，千百年不断被传诵和实践。

中国国家图书馆藏

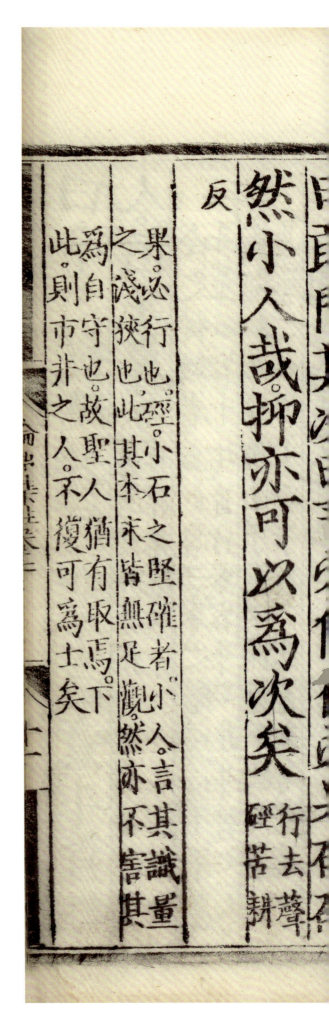

恭主容。敬主事。恭見於外。敬主乎中之。夷狄不可棄。勉其固守而勿失也。○程子曰。此是徹上徹下語。聖人初無二語也。充之則睟面盎背。推而達之。則篤恭而天下平矣。胡氏曰。

樊遲問仁者三。此最先。先難次之。愛人其最後乎。

○子貢問曰。何如斯可謂之士矣。子曰行己有恥。使於四方不辱君命。可謂士矣

此其志有所不爲。而其材足以有爲者也。子貢能言。故以便事告之。蓋爲便之。難不獨貴於能言而已。

曰。敢問其次。曰宗族稱孝焉鄉黨稱弟焉

弟去聲

此本立而材不足…

棋枰对坐、拾棋手谈自古以来就是中日两国极具特色又含蓄别致的交流方式。在陈毅元帅主持外交工作的十年间，他以外交家的战略眼光，大力倡导"围棋外交"。20世纪60年代初，他委托北京图书馆（中国国家图书馆前身）仿真影印《忘忧清乐集》，赠予日本友人，中日围棋交流活动在陈毅元帅的亲自倡导和关怀下开展起来。1964年，29位日本最著名的围棋手发表呼吁书，呼吁日本800万棋手参加要求恢复中日邦交的征集3000万人的签名活动，这对日后中日邦交正常化，发挥了重要的作用。

忘忧清乐集一卷

（宋）李逸民撰　宋刻本

《忘忧清乐集》为南宋御书院棋待诏李逸民收集前人围棋撰述编次而成。此本为现存刊刻最早的较为系统的围棋著作，因载宋徽宗"忘忧清乐在枰棋"诗句得名。此为存世孤本，刊刻刀法娴熟，墨色青纯，行格疏朗，古朴大方，具有南宋浙江杭州地区刻书风貌。

中国国家图书馆藏

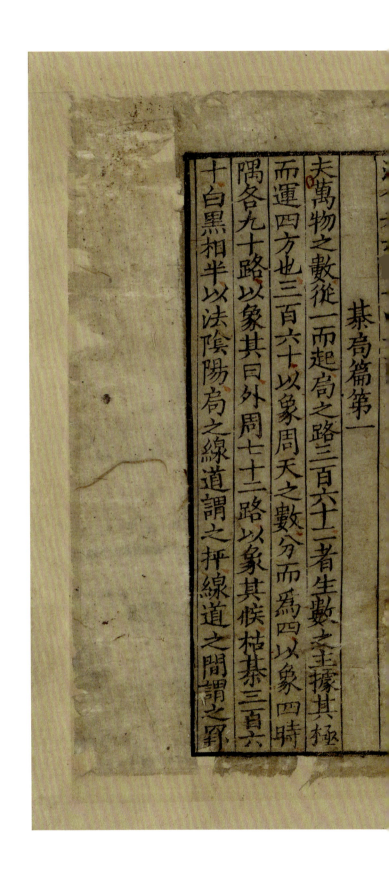

棋經十三篇

皇祐中張學士 擬　撰

傳曰飽食終日無所用心不有博弈者乎言譚新論曰世有圍

棋之戲或言是兵法之類上者遠其疏張置以會圍因而成得

道之勝中者則務相絕遮要以爭便求利故勝負狐疑頗計

數以定下者則守邊隅趄作罫以自生於小地春秋而下代有

第二单元

书籍之路 交流互鉴

不相禠頇也爾雅飛龍

薹又凡將急就究前字

皆不言守形原薆削

實始於詠功賓大惡少以

部一部以至十七部者頭造

古韻凡十七部自倉頡造讀

叔重造說文又曰某聲又曰某字

用徐鉉切音矣而某又某字

未見六書音均之書不知

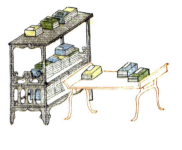

　　中日两国的书籍之路纵贯千年、源远流长。早在隋唐时期，大量的中国典籍便已通过外交使节、留学生、僧侣、商人等传播到日本。有唐一代，仅据9世纪末编撰的《日本国见在书目录》记载，有汉文书籍1579部17345卷东传日本。唐末五代，中原板荡，典籍散毁严重，吴越国王曾遣使日本，赍重金请抄天台遗书。清代黎庶昌、杨守敬等掀起的东瀛访书热，使大量中国失传已久的珍籍重归故里。在中日两国的舟楫往来中，文学、艺术、技术、思想交互影响，书籍——以其独特的魅力与内涵，成为文明交往的精神坐标，不断推动着两国文化交流互鉴。

家族瑰宝
传承永青

　　细川家族是日本历史上最具影响力的武士家族之一。自日本镰仓时代起，细川家族武将辈出，至今已有近 800 年的历史。在江户时代，细川家族成为熊本藩藩主，统领一方，荣贵显赫，在日本的政治、经济和文化领域占有举足轻重的地位。

　　凭借悠久的家族历史和深厚的文化底蕴，细川家族历代都对中国的文化典籍和艺术珍品抱有浓厚的兴趣和热爱，学习汉籍也成为家族传统，代代相承。近 800 年来，细川家族的收藏撷英集粹，涵盖古今，所藏数万件藏品中有日本 8 件国宝、32 件重要文化财、6000 余件美术工艺品及大量的文献典籍。其藏品数量之大、质量之高，在当世家族收藏中首屈一指。细川家族第 16 代家督细川护立为防止历代珍藏散佚，于 1950 年将所有收藏捐赠给财团，并成立永青文库美术馆，使其源远流长、包罗万象的家族传承得以公开展示，惠及民众。

永青文库

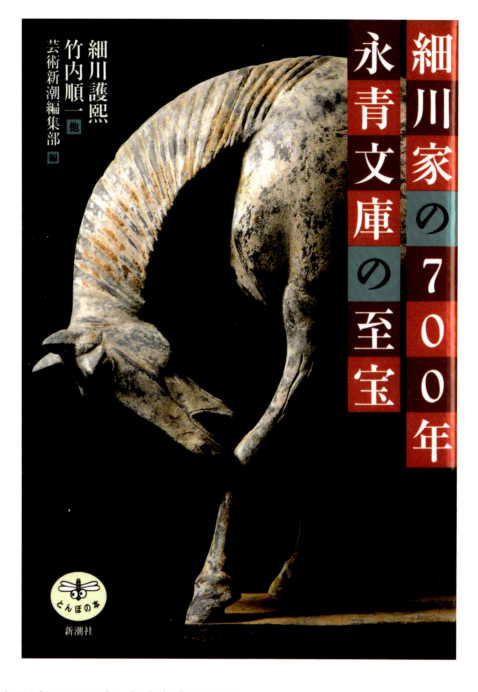

細川家の 700 年　永青文庫の至宝
（细川家的 700 年　永青文库的至宝）

（日）细川护熙、竹内顺一等著　日本新潮社株式会社　2008 年

　　永青文库位于东京都文京区目白台，文库所在地是细川家的旧宅邸，昭和初期作为细川家的事务所使用。永青文库藏品约有 9 万件，其中有错金银狩猎纹铜镜、时雨螺钿鞍等国宝级藏品 8 件，长谷雄草纸、三彩莲华纹圈足盘等重要文化财 32 件。

日本永青文库捐赠

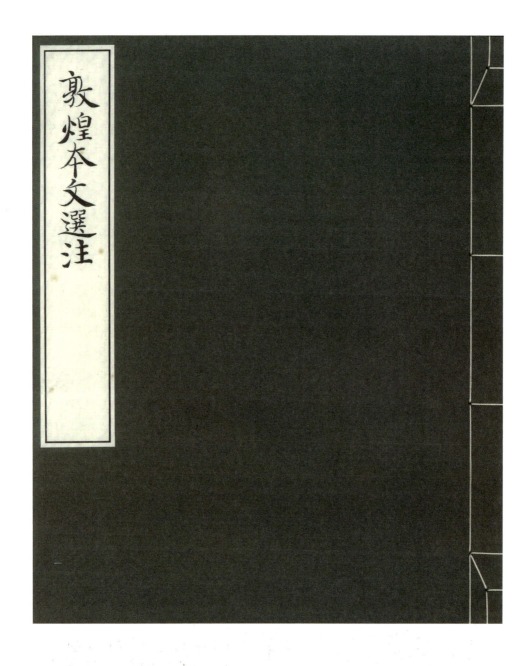

敦煌本文选注

（南朝梁）昭明太子（萧统）编　日本昭和四十年（1965）日本永青文库据敦煌抄本影印

永青文库据文库所藏敦煌写卷影印，后附敦煌学家神田喜一郎所作《解说》。写卷为《文选》司马相如等人五篇文章的注释，但注文与通行本不同，为《文选》研究提供了新的资料。

日本永青文库捐赠

「三彩馬」唐時代（7～8世紀）

重要美術品
「三彩女子」唐時代（8世紀）

「灰陶壺」漢時代（前2～1世紀）

重要文化財「三彩花卉文盤」唐時代（7～8世紀）

平成29年度早春展

細川家と中国陶磁
名品でたどる中国のやきもの

平成30（2018）年2月10日（土）～4月11日（水）

永青文庫は、古く漢時代から清時代まで100点を超える中国陶磁を所蔵しています。
この度、今井敦氏（東京国立博物館 学芸研究部調査研究課長）のご協力を得て、
コレクションの調査を行いました。今回の早春展は、その調査の成果をふまえながら、
約50点の作品によって中国陶磁史の流れをたどります。
今号では、本展覧会をご紹介するとともに、当館の所蔵品から中国陶磁史を紐解く論考
「永青文庫の中国陶磁コレクション」を今井氏にご寄稿いただきました。
細川家が代々愛で、そして永青文庫の設立者・細川護立が魅了された中国陶磁の世界を、
この機会にぜひお楽しみください。

文：永青文庫学芸員　舟串 彩

中国陶磁のはじまり
──土器の誕生──

中国陶磁の歴史は、新石器時代の土器に始まります。中国では土器・陶器を合わせて「陶」と呼び、赤みのある紅陶をはじめ、灰陶、白陶、黒陶といった土器が作られました。

とりわけ灰陶は、酸素の少ない還元焔で焼き締められやや堅牢であったため、明器（墳墓など）におさめる副葬品や日常生活で用いる器として、長く生産され続けました。戦国時代の頃には、彩色を加えた加彩灰陶が主になり、秦・漢時代に全盛期を迎えました。

唐三彩の出現

約3500年前の商時代前期、中国で初めて釉薬をかけた施釉陶器が開発されました。これは植物の灰を原料とした灰釉を施したもので、やがて後漢時代に青磁へ発展し、更

には黒釉磁、白磁へと展開していきました。

また戦国時代には、褐釉・緑釉という、鉛を主成分とする鉛釉が現れます。褐色また緑色に帯びた鉛釉陶器は主に明器として作られた、唐三彩の源流となりました。

三彩とは2種以上の鉛釉をかけ分けた陶器のことをいい、その技法は唐三彩で確立され、緑、褐色、藍、白いろどられた唐三彩は、器類をいろどる唐三彩は、器類をいろどる唐三彩は、人物・動物・家屋などをかたどったものがあり、ほとんどが副葬品として用いられるようになったのは、20世紀に入ってからのことです。鉄道の敷設工事に伴い発見された古墓群から、唐三彩が出現し、これらの出土品といっしょに色鮮やかな唐三彩に惹かれた人々がコレクターとして日本に反応したのは欧米のコレクターで、しばらくして日本でも本格的に蒐集されるようになります。その蒐集家の一人が細川護立であり、重要文化財「三彩相撲文三足盤」※14頁・図2をはじめ、唐三彩の優品をコレクションしました。

宋時代の陶磁

宋時代に入ると、中国の各地で数多くの窯が興り、青磁・白磁

永青文庫が所蔵する中国の土器には、「灰陶壺」や「灰陶加彩馬」※13頁・図1のほか、将棋の歴史を知る上でも貴重な資料といえる「灰陶三人将棋盤」があり、様々な灰陶が焼成されていたことを伝えています。

季刊 永青文庫 2018早春号 9

季刊 永青文庫 2018早春号 8

永青文庫　細川家と中国陶磁
（永青文庫、细川家与中国陶瓷）

永青文庫季刊　No.101　公益財団法人永青文庫　2018年

　　永青文庫藏中国陶瓷器主要由细川家族家传茶器与细川护立
收藏品组成，涵盖汉代至清代100余件器物。现任永青文庫理事
长细川护熙也热爱中国文化，先后收藏三彩狮子、三彩花瓣纹盘
等中国陶瓷器。

日本永青文庫捐赠

一九

细川护熙 1938 年出生于东京，曾历任参议院议员、熊本县知事、日本新党代表、第 79 任内阁总理大臣，是永青文库创立者细川护立之孙，现任公益财团法人永青文库理事长。

细川护熙自幼受汉籍熏陶，在陶艺、绘画、书法等领域造诣颇深。他曾多次追寻典籍中的诗文典故，遍访中国的山川古迹，足迹踏遍大江南北。在成都武侯祠的红墙竹影中，他油然而发"纵横计不就，慷慨志犹存"的国士情怀；在江西庐山，他也曾向往"采菊东篱下，悠然见南山"的田园意趣。细川护熙以一位日本文人的视角，将自己的旅行见闻融会于心，述诸笔端，在中华文明五千年的历史时空与诗情画意中往来穿梭，饱含着对中华文化的真挚热爱。

细川护熙长期以来矢志不渝投身于中日友好事业，对推动中日两国和平友好发展和中华优秀传统文化的传播作出了巨大贡献。

细川护熙　（日）斋藤芳弘摄

众人赞美图（绘制中） （日）细川护熙绘

日本永青文库捐赠汉籍入藏中国国家图书馆特展图录

文章経国章大業不朽盛事

細川護熙書

（日）细川护熙书

余に問う、何の意ぞ碧山に棲むと
笑って答えず、心自から閑なり
桃花流水杳然として去り
別に天地の人間に非ざるあり
　　　　李白「山中問答」

細川護熙　閑居に生きる
（细川护熙　闲居生活）

日本小学馆株式会社　2009 年

细川护熙年轻时憧憬能像陶渊明那样栖隐山间远离名利，60岁时从政界隐退，在老家宅邸开始了如陶渊明一般晴耕雨读、挥墨作画、烧制陶艺的生活。细川宅邸是按照细川护熙的喜好设计的，茶室内使用的茶道器具皆为细川护熙亲手烧制而成。

日本永青文库捐赠

中国 詩心を旅する
（中国 诗心之旅）

（日）细川护熙著　日本文春文库　2016年

　　细川护熙对中国文化情有独钟，喜欢的诗人有陶渊明、李白、白居易，还有柳宗元、苏东坡等。在众多古诗的熏陶下，细川护熙巡礼诗歌所及地域，并作此书。

日本永青文库捐赠

成都の武侯祠（ぶこうし）の道。武侯祠は劉備の墓である恵陵（けいりょう）と並んでいて、三国志ファンの参詣が絶えない。

喜怒を色に形わさず
語るに言少なく、善く人に下り、

中原還逐鹿
投筆事戎軒
縦横計不就
慷慨志猶存

中原　還た鹿を逐い
筆を投じて　戎軒を事とす
縦横の計は就らざれども
慷慨の志は猶お存せり

『三国志』

四川省
成都市　武侯祠

　魏徴の「述懐」というこの唐詩は昔からわが国でも愛唱されてきた。天下を争う戦いに、筆を投げ捨てて乗り出した。自分の計略は成功しなかったが、世を正そうとする強い情熱はなお心中にある――魏徴はもちろんここで自らを語っているのだが、その心は三国志の英雄たち、なかでも曹操に通じるところがあるように

細川護熙　美の世界
（细川护熙　美的世界）

日本九耀艺术设计制作（印刷品）

细川护立喜爱白隐和仙崖的书画，深刻影响了与其一同生活的细川护熙，这些禅画成为细川护熙对美好事物的最初接触。由自然中看到的一切，培养了他对美的感性和对陶艺、绘画、书籍的热爱。

日本永青文库捐赠

周易经典
智慧之书

　　《周易集解》是唐代李鼎祚撰写的一部易学著作。李鼎祚，生卒年不详，唐中后期资州盘石（今属四川）人。李氏精通易学，曾入朝为官，任左拾遗、秘书省著作郎等职。

　　《易经》一直受到中日两国学者和民众的重视。在日本，《易经》被奉为修身、齐家、治国、平天下的智慧之书，指导着人们的学习、工作、处世等日常行为。日本知名学者吉野裕子在仔细考察日本最早的史料《古事记》和《日本书纪》后指出，早期的日本社会即受到《易经》的影响。7世纪初，日本推古朝圣德太子制定《十七条宪法》就已经引用《周易》。明治天皇还提出过"不知《易》者，不得入阁"的组阁原则。直到现在，《周易》在日本社会生活中依然发挥重要影响。

義盛行於世輔嗣註如弁髦況乃此本人

莫之知也今而不傳恐無聞焉凡五經傳

註箋解義疏既刊有者不鮮矣此本異於是

則稽古之學豈可舍諸因叙其由如此

皇和寶曆戊寅冬十月東都井通熙謹撰

周易上經乾傳第一

乾下
乾上　乾元亨利貞○初九潛龍勿用文言○九

王弼註

二見龍在田利見大人○出潛離隱故曰見
龍處於地上則在田德施周普居於地中
不偏雖非君位君之德也初則不彰三則
乾乾四則或躍上則過亢利見大人唯二五焉○九三

君子終日乾乾夕惕若厲无咎○處下
體之極居上體之下在不中之位履
重剛之險上不在天未可以安其尊也
下不在田未可以寧其居也純脩下道
則居上之德廢居上脩下道則居下之
體違故終日乾乾至於夕惕猶若厲也
以无咎處下卦之上故免於咎○九四或
躍在淵无咎也處上卦之下故免於咎

周易十卷

（三国魏）王弼注　日本宝历八年（1758）刻本

江户时期幕府"定宋学为官学"，日本国内对汉籍的刊刻大幅增长。此即为江户时期刊刻。

中国国家图书馆藏

周易集解十七卷

（唐）李鼎祚集解　清嘉庆二十三年（1818）木渎周氏刻本

李氏《周易集解》集子夏、孟喜、京房以及伏曼容、孔颖达等三十余家训解，重在采择象数学说，以注释经传义蕴，《自序》称其宗旨在于"刊辅嗣之野文，补康成之逸象"。保存了汉代《易》学的许多文献资料，是考辑唐以前《易》学的重要参考书。

日本永青文库捐赠

周易集解

上經乾

乾元亨利貞

息應化無窮故聖人則之欲使人法天之用

不法天之體故名乾不名天也○子夏傳曰元
始開通和諧貞固也故曰元亨利貞矣

利和也貞正也○言乾稟純陽之性故能首出
庶物各得以君子法乾而行四德故曰元亨利
貞矣

初九潛龍勿用

崔憬曰九者老陽之數動之所占故陽稱
九○子夏傳曰龍下隱地潛德不彰是以君子
潛隱也○子夏傳曰龍所以象陽氣也

韜光待時未成其行故曰勿用○馬融曰物
莫大於龍故借龍以喻天之陽氣也

建子之月陽氣始動於黃泉既未萌牙猶是潛
伏故曰潛○初九潛龍勿用者

龍也○沈驎士曰稱龍者假象也天地之氣有
升降君子

綜根萌音義兩存詳之明矣其王氏略例得失相參采封
采菲無以下體仍附經末式廣未聞凡成一十八卷以貽
同好冀將來君子無所疑焉祕書省著作郎臣李鼎祚序

姑蘇喜墨齋張遇堯局鐫

周易集解卷第一

周易上經

唐　李鼎祚　集解

惠栋述易
广集前儒

《易经》是东方最古老的经典之一，对中日两国政治文化、社会生活影响深远。自 645 年孝德天皇使用"大化"年号以来，日本天皇年号总数为 247 个，其中有 27 个年号出自《易经》。日本学者吉野裕子先生认为，"(《易经》)与其阴阳思想发展出来的五行思想结合在一起，不仅运用于占卜，而且广泛地成为道德、学术、宗教的基石，带来了儒教、道教、方术的盛行"。

从汉代以来，研究易学的学者很多，清儒惠栋所撰《周易述》是一部极具考据特色的著作。这部书广集前儒之说，以汉儒的说法为依据，"推阐考证，引据古义"，采录虞翻、荀爽、郑玄、马融、京房、干宝、范长生及《易凿度》诸家关于《易经》的解说，以纳甲、卦变、卦气等诠释《易》学。

周易述卷一
元和惠棟集注并疏

周易上經

乾〈八純卦象天〉　消息四月

乾元亨利貞〈注〉元始亨通利和貞正也乾初為道本故曰利

元息至二升坤五乾坤交故亨乾六爻二四正匪正坤

乾道變化各正性命保合大和乃利

貞傳曰利貞剛柔正也易有大極是生兩儀兩儀生四象四象生八卦

六爻初三五匪正乾道變化

而為二以象兩又掛一以象三揲之以四以象四時歸奇於扐以象閏五歲再閏故再扐而後掛大衍之數五十其用四十有九分而

明象而生著演三才而兩之故六六爻之動三極之道也雨堂

周易述卷一

周易述四十卷

（清）惠栋集注并疏　清乾隆二十四至二十七年
（1759-1762）卢氏雅雨堂刻本　存二十一卷（一至七、九
至二十、二十二至二十三）

惠栋（1697-1758），字定宇，一字松崖，清元和（今
江苏苏州）人。惠士奇之次子。与清儒戴震、钱大昕等为
考据学派的代表人物。惠栋于乾隆十四年(1749)始撰此书，
未竟而卒，后人据其手稿刊印。

《尚书》是关于中国上古历史和部分追述古代事迹著作的汇编。西汉初存28篇，相传由伏生口授，用汉时通行文字隶书抄写，是为《今文尚书》。自汉以来，为《尚书》作注疏者便层出不穷。唐贞观初年，孔颖达与颜师古、司马才章、王恭、王琰等人奉敕撰《尚书》义训百余篇，称为"义赞"，太宗诏改为《正义》，是为《五经正义》之一。《尚书正义》搜罗宏富，考订详赡，保存了原已散失的汉代今文28篇，是研究古史的珍贵资料。后人研治《尚书》，多取于此书。《尚书》对日本影响深远，日本学者加贺大幸在《诗书古传跋》中说："学者，学先王之道也。学先王之道，不可不读《诗》《书》。"

日本对《尚书》的注疏一直多有收藏及传抄、刊刻。宋刊八行本《尚书正义》曾在中国失传，日本则存有两部。其中一部宋刻本保藏于日本足利学校。日本弘化四年（1847）熊本藩时习馆影刻足利学校藏宋本，使其广为流传，有功学界。

孔颖达　〔摘自《古圣贤像传略》（清）顾沅辑
清道光十年（1830）刻本　首都图书馆藏〕

尚书正义二十卷

（唐）孔颖达撰　宋两浙东路茶盐司刻本

两浙东路茶盐司治所在绍兴府，绍兴府古称越州，《九经三传沿革例》遂以"越中旧本注疏"名之。这些经书又为8行，故称之为"越刊八行本"。已知越州本有《易》《书》《周礼》《毛诗》《礼记》《左传》《论语》《孟子》等8种。

中国国家图书馆藏

尚書正義卷第一

國子祭酒上護軍曲阜縣開國子臣孔穎達等奉

勑撰　上杉安房守藤原憲實寄進

尚書序　疏

正義曰道本沖寂非有名言既形以道
生物由名舉則諸經史因物立名物
有本形從事著聖賢闡教事顯於言言惬羣心遠自
書而示法既書有法因號曰書後人見其久遠自
於上世尚者上也言此上代以來之書故曰尚書
且言者意之聲書者言之記是故存言以聲意立
書以記言故易曰書不盡言言不盡意是言者意
之筌蹄書言相生者也書者舒也書緯璿璣鈐云
書者如也則書者寫其言如其意情得展舒也又
劉熙釋名云書者庶也以記庶物又為著言事得

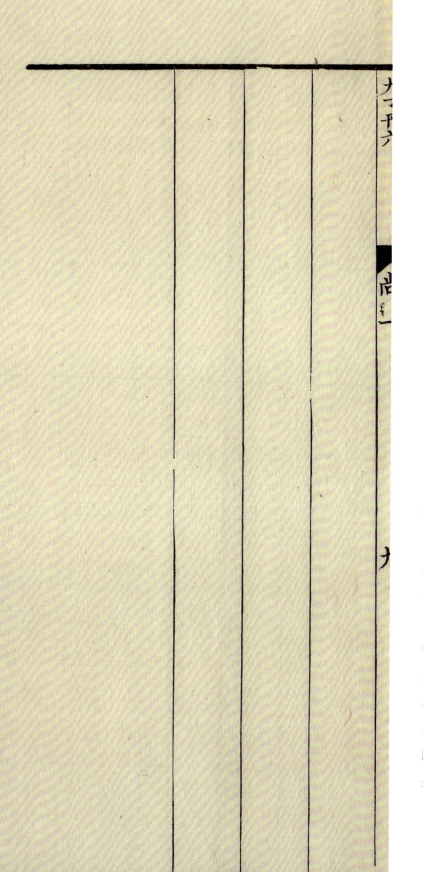

尚书正义二十卷

（唐）孔颖达撰　**附景宋椠单本尚书正义解题**　日本弘化四年（1847）影宋刻本

《尚书正义》以东晋豫章内史梅颐（一作梅赜）《孔传古文尚书》为底本，删繁就简，撰成此书。此书搜罗宏富，考订详赡，于经义多所发明，于孔传多所发挥，阐释经文大义，并详细疏证孔传，是唐代以前《尚书》研究之代表作。

日本永青文库捐赠

精美殊常
媲美真迹

　　《五经正义》自唐代勘定后，在很长一段时间里，唐代的义疏和汉代的注疏各自单行。南宋初年，两浙东路茶盐司以官府之力合刻经、注、疏为一书。两浙东路茶盐司治所在绍兴府，绍兴府古称越州，《九经三传沿革例》遂以"越中旧本注疏"名之。这些经书皆为八行，故称之为"越刊八行本"。

　　足利学校所藏八行本《尚书正义》，历经南宋中期和元代修补，长期未予影印，不为学者所知。直到日本弘化四年（1847）熊本藩时习馆影刻足利学校藏宋本，才为学界提供了重要的文本，对于经书研究有着重要意义。其后，大阪每日新闻社又于昭和四年（1929）以珂罗版的方式加以影印。此珂罗版由当时日本专业制版的小林写真所精心制作，印制时选用上等纸墨，成品颇为精致。傅增湘《藏园群书经眼录》说："昨岁大阪每日新闻社已复制流传，余蒙内藤湖南博士虎惠贻一帙，精美殊常，下真迹一等。"

宋椠尚书正义二十卷

（唐）孔颖达撰　日本昭和四年（1929）大阪每日新闻社影印本

唐初孔颖达奉唐太宗之命主编《五经正义》，此《尚书正义》为其中之一，借政府之力予以颁行，作为科举取士的标准，后又被收入《十三经注疏》，流传 1000 余年，对后代影响颇大。

日本永青文库捐赠

今古并存
传习有序

据《日本书纪》记载："继体天皇七年（513），百济五经博士段杨尔渡日，担任教授之职，日本始设五经之学。"日本学者特别注重搜集中国学者有关《尚书》的著作，孙星衍《尚书今古文注疏》即其中之一。

孙氏所著《尚书今古文注疏》，始自清乾隆五十九年（1794），迄于嘉庆二十年（1816），历20余年始成，为毕生精力所萃。此书卷首有序并凡例，经文依孔颖达《正义》本，参用唐开成石经，且注明今古文文字同异。以《史记》《尚书大传》为本，搜集《尚书》散佚的大量古注。又仿《诗》疏体例，收录汉魏至隋唐诸家旧注。同时对清儒王鸣盛、江声、段玉裁、王念孙父子等人研究亦多有吸纳，是清人《尚书》注本中的重要著作。

光緒歲在閼逢涒灘國子監肄業生吳縣朱記榮校刊

便附入經疏

一此書刱始于乾隆甲寅年至嘉慶乙亥年迄功付刊
中閒歷官中外率于人事雖手不釋卷懼有遺忘多
藉同人之助台州洪明經頤煊文登畢孝廉以田上
元管秀才同助其搜討同里臧上舍鏞堂從弟星海
助其校讎應行附錄

尚書今古文注疏卷一
堯典第一上 虞夏書一
賜進士及第授通奉大夫山東督糧道加三級孫星衍撰

尚书今古文注疏三十卷

（清）孙星衍撰　清嘉庆二十年（1815）刻平津馆丛书　光绪十至十一年（1884-1885）吴县朱记荣槐庐家塾印本

孙星衍，字渊如，号伯渊，江苏阳湖（今武进）人，清乾隆五十二年（1787）进士。孙星衍辑刻《平津馆丛书》，收录孙氏所著、所校诸书，共43种254卷。原版毁于战火，光绪十至十一年吴县（今属江苏）朱记荣重为校刊。

日本永青文库捐赠

今文尚书
焕发新生

　　《今文尚书考证》为清末经学家皮锡瑞治今文《尚书》之作。皮锡瑞治经宗西汉传今文《尚书》的伏生，故署所居为"师伏堂"，人称"师伏先生"。伏生的《尚书大传》自汉以来，不断散失，元明时已不存完本，清代从典籍中辑佚，渐趋完备。皮锡瑞辑本《尚书大传疏证》最为详赡，其所引《玉烛宝典》为当时新从日本传入。《今文尚书考证》则宗伏生《尚书大传》、准司马迁《史记》，明定条例，取材丰富，严加考证，多有可取之处。

　　日本学者本田成之《中国经学史》中对皮锡瑞所作《今文尚书考证》《尚书大传疏证》亦推崇备至，称为"不朽的名著"。

皮锡瑞 （摘自《皮鹿门年谱》 皮名震编
1939 年商务印书馆铅印本　中国国家图书馆藏）

书卷为媒　友谊长青

日本永青文库捐赠汉籍入藏中国国家图书馆特展图录

尚書大傳疏證卷一

善化皮錫瑞

唐傳

困學紀聞卷二云大傳說堯典謂
之唐傳則伏生不以是爲虞書

堯典、

辯章百姓百姓昭明
毛詩采菽正義史記五帝紀索隱後漢書注
引辯章

引辯章
百姓
疏證曰東觀漢記漢官解詁皆引辯章鄭
明也亦從今文白虎通姓名篇曰姓者何以爲古者
聖人吹律定姓以紀其族人合五常而生聲有五宮商角徵
羽轉而相雜五二十五轉生四時異氣殊音悉備故姓有百
百姓當如辯章爲別也鄭以今文家解之說
也鄭當如白虎通吹律定姓之說
主春者張昏中可以種穀堯典周禮司烜氏疏引作稷

而河洛遺文無由鉤擿向歆異說亦趁折衷其難三也金絲既振
乃有壁書門戶斯歧多逞臆鄭君既恪遵是書自宜恪遵勿失乃
詆歐陽爲蔵冒信衞買爲日睿變大交爲南交爲雅材閒下已意比於箋毛或易本文同
夫注禮易曰容爲日睿變大交爲南交爲雅材閒下已意比於箋毛或易本文同
八伯義非虞官帝者之服五章天子之城九里皆由泥古不免獻堯典
疑近人併伏生今文詆伏尤妄今將別漢司農之注守秦博士之傳多
橫圖之攷今文謬元黃別定一尊莫分黑白其難四也錫瑞碑精數
庸俗異視易謬元黃別定一尊莫分黑白其難四也錫瑞碑精數
年易棄三□□蔑鴑鈍粗得端緒原注列鄭必析異同輯本據陳
閒加釐訂所載名物亦詳引徵冀以抉孔門之徵言具伏學之梗

尚书大传疏证七卷

（清）皮锡瑞撰　清光绪二十二年（1896）师伏堂刻本

皮氏取福州陈寿祺《尚书大传》辑本，重加厘订，附列郑注，并析异同，所载名物亦详引征。多次引用新从日本传入的《玉烛宝典》之文，为他家所不及。本书考据详核，为研究《尚书大传》的重要著作。

中国国家图书馆藏

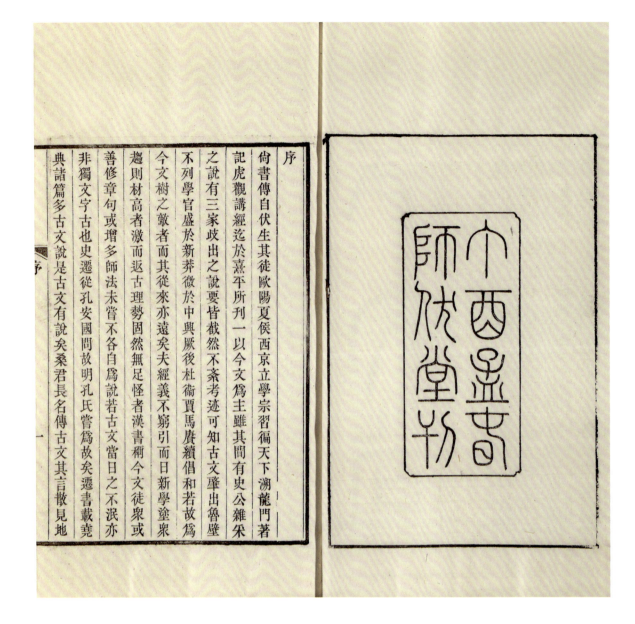

序

尚書傳自伏生其徒歐陽夏侯西京立學宗習徧天下溯龍門著
記虎觀講經迄於熹平所刊一以今文為主雖其間有史公雜采
之說有三家歧出之說要皆截然不紊考迹可知古文肇出魯壁
不列學官盛於新莽微於中興厥後杜衛賈馬賡倡和若故為
今文樹之敵者而其從來亦遠矣夫經義不窮引而日新學塗衆
趨則材高者激而返古理勢固然無足怪者漢書稱今文徒泉或
善修章句或增多師法未嘗不各自為說若古文當日之不泯亦
非獨文字古也史遷從孔安國問故明孔氏嘗為故矣遷書載堯
典諸篇多古文說是古文有說矣桑君長名傳古文其言散見地

今文尚书考证三十卷

（清）皮锡瑞撰　清光绪二十三年（1897）师伏堂刻本

皮锡瑞（1850-1908），字鹿门，湖南善化（今长沙）人，

清末经学家，曾主讲湖南龙潭书院、江西经训书院。主要著

作有《经学通论》《经学历史》《今文尚书考证》《王制笺》《驳

五经异义疏证》《古文尚书冤词平议》等。

日本永青文库捐赠

今文尚書攷證卷一

堯典弟一　　唐書

善化皮錫瑞

堯典弟一者，書正義曰：檢古本並石經，標目直言堯典弟一。漢石經乃今文尚書，孔穎達及見石經撳本，是今文尚書以堯典弟一，弟一者也。云唐書者，皆以唐書冠之。唐虞夏殷周者，土地之名。堯以唐侯嗣位，舜從虞之地得本達不忘，由夏而起，湯因殷，周而興。武王階虞之代，號唐虞夏殷周者，樂也。虞夏者，大者也。殷周者，中也。

王充論衡正說篇曰：唐虞夏殷周者，土地之名。堯以唐侯嗣位，舜從虞之地重得本達不忘，故以為號。若人之有姓矣。說者謂之本有天下，昌言堯德之盛隆之意也。堯則蕩蕩民無能名，周則天下功德無不至。其二帝之業，使道襄尚蕩蕩，民無能名，違其正道，實失其中。故意猶當秦漢使秦漢猶在經傳之者，將復為秦，起於秦漢，作道德於不之說，雖五家之條，五家之教。三科者，唐虞一家，說謂虞夏一家，商一家，周一家也。據尚書大傳今

兼疏今古
详明精审

　　《尚书孔传参正》是清末著名学者王先谦考证《尚书》的一部重要著作。《尚书》今古文争论较大，王先谦主张破除今、古文学派的门户之见，用唐宋以来通行的《尚书》经、传原文附诸考证，而不分今、古文。凡是王氏认为可以发挥《尚书》学术思想的悉数收录，从《史记》《汉书》等史部书籍，到《白虎通德论》《论衡》等子部书籍，到汉代的熹平石经，只要是汉代人的作品均择而取录之，同时对马融、郑玄等诸家传注，南北朝各家义训也有所征引。该书尤其对《尚书》的古今和真伪，分别清晰，是了解《尚书》今古文有关情况，研究孔传的重要参考书。皮锡瑞《经学通论》称赞本书"兼疏今古文，详明精审，最为善本"。

王先谦（摘自《清代学者像传》 叶恭绰辑 1953年据民国商务印书馆影印本 中国国家图书馆藏）

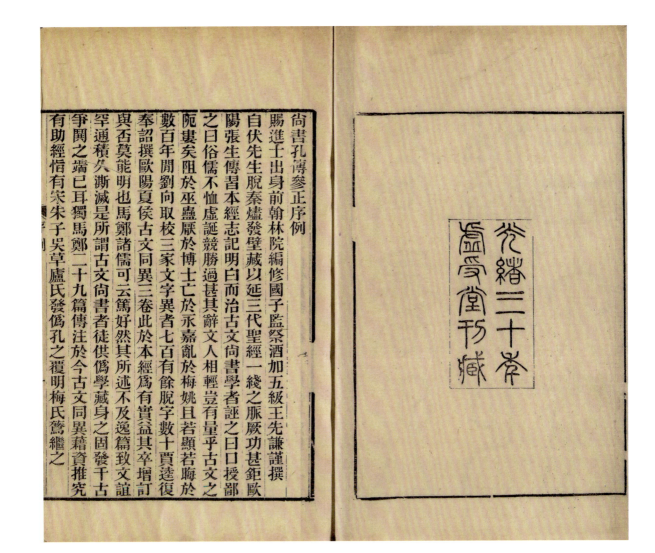

尚書孔傳參正序例

賜進士出身前翰林院編修國子監祭酒加五級王先謙謹撰

自伏先生脫秦爐發壁藏以延三代聖經一綫之脈厥功甚鉅歐陽張生傳習本經志記明白而治古文尚書學者誕之曰口授部之曰俗儒不恤虛誕競勝過甚其辭文人相輕豈有量乎古文之阨婁矣阻於巫蠱厭於永嘉亂於梅姚且若顯若晦於數百年間劉向取校三家文字異者七百有餘脫字數十賈達復奉詔撰歐陽夏侯諸侯古文同異三卷此於本經爲有實益其卒增訂阮諟是所謂古文尚書傳者徒供僞學藏身之固發干古與否莫能明也馬鄭諸儒可云篤好然其所述不及逸篇致文誼罕通積久漸滅是所謂古文同異藉資推究有助經悟有宋朱子吳草廬氏發僞孔之覆明梅氏鷲繼之爭闢之端已耳獨馬鄭二十九篇傳注於今古文同異

尚书孔传参正三十六卷

（清）王先谦撰　清光绪三十年（1904）虚受堂刻本

王先谦（1842-1917），字益吾，号葵园，湖南长沙人，清同治四年（1865）进士。王先谦勤于治学，校刻有《皇清经解续编》，撰有《十朝东华录》《汉书补注》《后汉书集解》等，另著有《虚受堂文集》。此为《尚书孔传参正》三十六卷的最早刊本。

日本永青文库捐赠

經學通論

善化皮錫瑞撰

易

論變易不易皆易之大義

治經者當先知此經之大義以易而論變易不易皆大義所在二
者當並行不相悖周易正義第一論易之三名曰夫易者變化之
總名改換之殊稱自天地開闢陰陽運行寒暑迭來日月更出孳
萌庶類亭毒羣品新新不停生生相續莫非資變化之力換代之
功然變化運行在陰陽二氣故聖人初畫八卦設剛柔兩畫象二
氣也布以三位象三才也謂之爲易取變化之義既義總變化而
獨以易爲名者易緯乾鑿度云易一名而含三義所謂易也變易
也不易也又云易者其德也光明四通簡易立節天以爛明日月

经学通论五卷

（清）皮锡瑞撰　清光绪善化皮氏师伏堂刻本

一称《五经通论》，经学史著作。成书于光绪三十三年
（1907）。分别讨论《易》《书》《诗》《三礼》《春秋》等五经，对
每经的撰著流传、内容要义、历代考订注疏之得失、学者治学研
究的门径等问题，作了扼要的阐述。日本本田成之《中国经学史》、
泷熊之助《中国经学史概说》对其书内容多有采用。

中国国家图书馆藏

春秋左传
远播扶桑

西晋杜预首次汇集《春秋》经与《左氏传》，撰成《春秋经传集解》。唐代修《五经正义》，于《左传》用杜注，以后遂成为科举考试之标准注释。本书在经学史上占有重要地位，被列入《十三经注疏》。日本著名汉学家竹添光鸿著《左氏会笺》，也用杜注。

日本对《春秋经传集解》一直多有研习、收藏、传抄、刊刻，有唐写本《春秋经传集解》残卷、金泽文库古抄本《春秋经传集解》及五山版《春秋经传集解》等存世。金泽文库古抄本《春秋经传集解》反映了日本通过传抄学习汉籍的方法，五山版《春秋经传集解》则以宋代兴国军学刊本为底本，保留了宋刻面貌。五山版之后，庆长古活字版、江户刊本渐次兴起。

春秋经传集解三十卷

（晋）杜预撰　宋嘉定九年（1216）兴国军学刻本

杨守敬在日访书时得见此本，《日本访书志》卷一著录云："《春秋经传集解》三十卷（宋椠本），宋嘉定丙子兴国军学教授闻人模校刊。末有《经传识异》数十事，又有校刊诸人官衔及闻人模跋。"

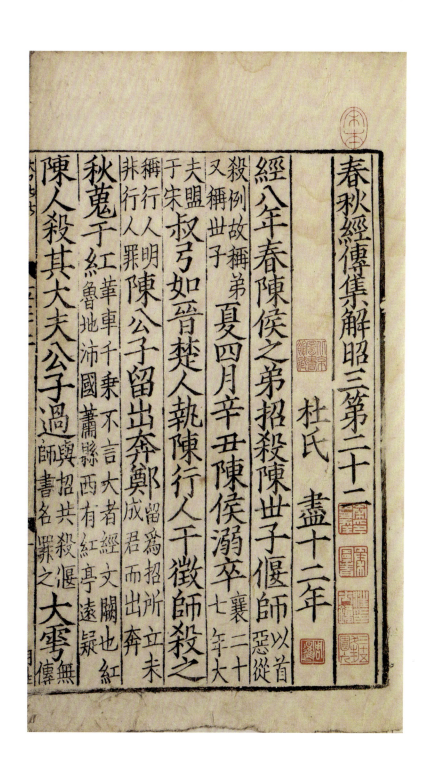

惠公名弗皇考么
之子也謚法愛民
好與曰惠
隱公息姑平王
四十九年即位周書
謚法隱拂不成曰隱
正義曰魯之夫人皆稱
薨擧謚也獨無謚先
云平故特解之傳例不
赴不称薨
正義曰謚法不生其
國曰聲是聲為謚
也
曾實侯爵而雖稱
公者五等之爵雖
尊卑殊驕臣子尊
其君父皆称為公
是禮之常也

杜氏　盡十一年

傳惠公元妃孟子 言元妃明下始適　夫人上也子宋姓

孟子卒　繼室以聲子生隱公 繼室以聲子隱公謚

天死不得從二夫謚　蓋孟子之姪娣也諸侯始娶則同姓之國以姪娣媵元妃死則次妃攝治內事猶不得

雁夫人故謂之繼室

宋武公生仲子仲子生而有文在

其手曰為魯夫人故仲子歸于我 婦人謂嫁曰歸以手

生桓公而惠公薨而生男 理自然成字有中君　天命故嫁之於魯

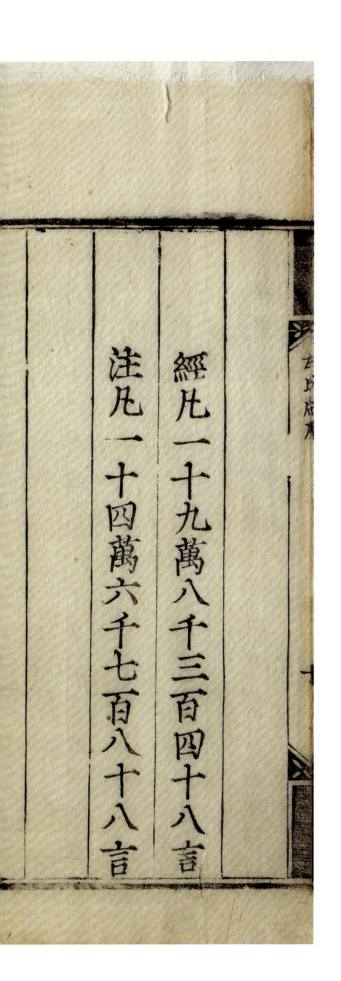

春秋经传集解三十卷

（晋）杜预撰　日本刻本　佚名批注

《四库全书总目》云："三传与经文，汉志皆各为卷帙，以左传附经，始于杜预。"杜预以《左传》解经，将《春秋》经文，分别加于《左传》各年之前，后世评价褒贬不一，但大多认为于《左传》有功。传世抄本、刻本众多，最早者为敦煌所出残卷。

日本永青文库捐赠

左氏会笺
博采众长

　　《左氏会笺》是日人竹添光鸿对金泽文库古抄本《春秋经传集解》的注疏汇释之作。全书以汉文行文，日文作为旁注。其书从日本、中国近代注左氏之说中"去其奇癖，取其精确，其他古今诸家论说涉左氏者，普搜博采，融会贯通，出之己意"。其版本校勘工作基本由竹添光鸿的学生岛田翰完成。清俞樾在其所撰《〈左氏会笺〉序》中提到"盖以其国金泽文库旧钞卷子本，参以石经及宋本而精刻之"，肯定其版本校勘之精良。此本为日本明治三十六年（1903）井井书屋铅印本，为此书初印之本。

　　竹添光鸿（1842-1917）幼名满，后改为进一郎，字渐卿，讳光鸿，号井井。他著有多部汉学著作，其中《左氏会笺》是其倾注 20 余年心血、废寝忘食而成，是代表其毕生成就之作。

附释音春秋左传注疏六十卷

（晋）杜预注 （唐）孔颖达疏 （唐）陆德明释文　宋刘叔刚刻本

元岳浚《刊正九经三传沿革例》提到，他校刻群经曾用家藏二十三个版本反复参订，其中一个就是"建本有音释注疏"本，即为南宋建安一经堂主人刘叔刚汇刻的附释音群经注疏，此本为其中一种。是书序后镌有"建安刘叔刚父锓梓"长方形隶字牌记。

中国国家图书馆藏

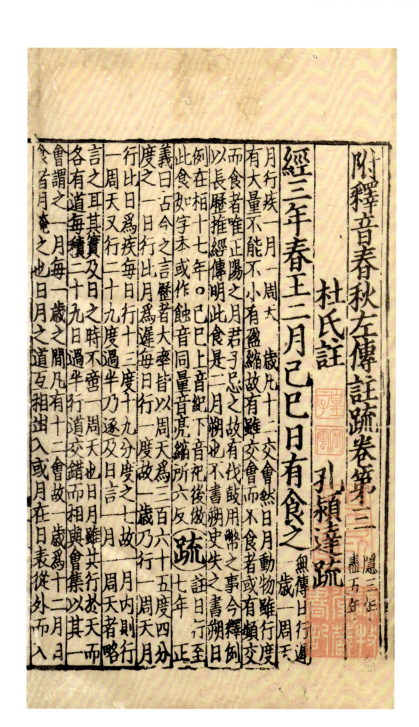

附釋音春秋左傳註疏卷第一

國子祭酒上護軍曲阜縣開國子臣孔穎達等奉

勅撰

國子博士兼太子中允贈齊州刺史吳縣開國男臣陸德明釋文

春秋序

【疏】正義曰此題為春秋左傳序者沈文何以為釋例序今不用釋字或云春秋經傳集解序字或云春秋左氏傳序案晉宋古本序題並云春秋左氏傳序今依用之於此題目有題曰春秋釋例序置之釋例之端今所不用晉太尉劉寔與杜預同時人也宋大夫士賀道養去杜亦近俱為此序作註題並不言釋例序明非釋例序也又晉宋古本序稍分年相附隨而鮮之名曰經傳集解異同叙之說釋例詳之是其據集解而指釋例安得為釋例序乎為叙

○陸曰此元凱所作既以釋經故依例音之本或古本或云春秋經傳集解序或云春秋左氏傳序案晉宋古本序題並云春秋左氏傳序今依用之於此題目有題曰春秋釋例序置之釋例之端今所不用晉太尉劉寔與杜預同時人也宋大夫士賀道養去杜亦近俱為此序作註題並不言釋例序明非釋例序也又晉宋古本序稍分年相附隨而鮮之名曰經傳集解異同叙之說釋例詳之是其據集解而指釋例安得為釋例序乎

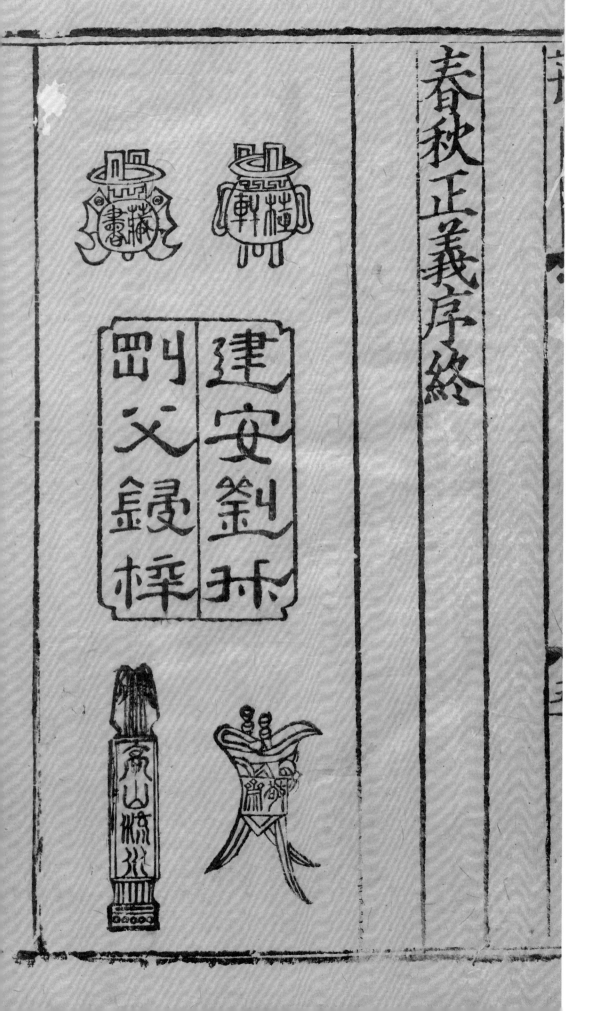

春秋正義序終

建安劉叔
剛父鋟梓

左氏会笺三十卷

（日）竹添光鸿会笺　日本明治三十六年（1903）井井书屋铅印本

明治八年（1875），竹添光鸿曾随当时日本公使森有礼出访清朝，与李鸿章、张之洞、阮元、俞樾等鸿儒往来交游。《左氏会笺》为其毕生成就之大作，付梓后一直受到学界重视，在日本凡阅读或研究涉及《春秋左氏传》者都会参照此书。

日本永青文库捐赠

左氏傳之存于皇國者以御府舊鈔卷子金澤文庫本爲

最古凡三十卷盖隋唐之遺經而晉博士清原氏世世相

傳以授于北條氏者也每卷有延久五年及應德保延久

安仁平久壽保元應保長寬嘉應治承壽永元曆建曆建

保承久天福延應仁治年間各記又有建長中越後守實

時參河守教隆正嘉中清原直隆文永中清原俊隆弘安

中左近衛將監顯時諸跋而應永年間山內翁怡記其卒

讀年月日于卷末恭惟皇國

列聖相承大敷文德當

推古天智之盛通使於隋唐博徵典籍其建學也參取唐

制太寶學令左傳兼用服杜二注經筵開講例進讀焉則

隋唐遺經之存無足異矣嘗攷書册之制三代以上用簡

明治卅有六季
井井書屋印行

西郷近司鑄字

【上右】

（框内空白）

七

【上左】

且有題曰春秋例料似有所見之料例之始今所不用

春秋左氏傳序 〔印：金澤文庫〕

春秋者魯史記之名也記事者
以事繫日以日繫月以月繫時 〔玉書 文〕

道窮㹠無取焉 〔入也 無 取〕
春秋經傳集解隱公第一 杜氏 盡十一年

【下右】

周平王東周之始王也隱公讓國之賢君也考乎其時則
相接言乎其位則列國本乎其始則周公之祚胤也 〔籤曰祚福也〕
若平王能祈天永命紹開中興 〔籤曰宋本作與後皆從宋本〕 隱公能宣
祖業 〔籤曰宋本加作弘後皆從宋本〕 光啟王室則西周之美可尋文武之迹
不墜 〔籤曰宋本跡作迹歷作跡〕 是故因其歷數附其行事采周之舊以會
成王義垂法將來 〔籤曰周之舊周公之舊典也會成 王義謂會合舊典成一王之大義〕 所書之王即平
王也所用之歷即周正也所稱之公即魯隱也安在其黜
周而王魯乎子曰如有用我者吾其為東周乎此其義也
若夫制作之文所以章往考來情見乎辭言高則旨遠辭
約則義微此理之常非隱之也聖人蒫周身之防 〔籤曰周身防身自知無患之也〕
既作之後方復隱諱以避患 〔籤曰周身連讀恐周〕
非所聞也子路欲使門人為臣孔子以為欺天而云仲尼

五

【下左】

素王丘明素臣又非通論也 〔籤曰非通理之論也〕
文成致麟既已妖妄 〔籤曰石經宋本妄作妖後皆從之〕 又引經以至仲尼卒亦
又近誣據公羊經止獲麟而左氏小邾射不在三叛之數
作 ＝ 起獲麟則文止於所起為得其實至於反袂拭面稱 〔籤曰杜取公羊獲麟止下即有此傳嫌其并取之故云亦無取焉〕
吾道窮亦無取焉
春秋經傳集解隱公第一 杜氏 盡十一年

籤曰魯國姬姓文王第四子周公旦之後也周公股肱周室
都於曲阜今山東兗州府曲阜縣是也伯禽至十三世傳至
公之十四年西狩獲麟春秋止終後九君至頃公之後為楚
所滅十九年西狩獲麟春秋止終後九君至頃公之後為哀
公之十四年西狩獲麟之
食大夫諸侯又以別買服耳漢晉諸儒皆然杜
氏此說非也何謂退而諱之
稱為杜氏以別賈服耳漢晉諸儒所注多稱經之名已題在上故止云杜氏而已

论语义疏
久佚重光

敦煌遗书　P.3573　论语疏　法国国家图书馆藏

《论语》传入日本后，多年来对日本产生了巨大影响。日本第一部成文法典《宪法十七条》第一条第一句"以和为贵"，成为日本采用儒家思想治国理政之滥觞。

《论语义疏》是南朝梁皇侃采录数十家通儒旧说，在何晏《论语集解》基础上，补诸书之未至，援证精当，博极群言，使南朝梁以前诸家古注得以保存至今，是何晏集解之外《论语》的主要经注之一。

《论语义疏》成书于南朝梁武帝年间，至唐时已有抄本传入日本，南宋乾道、淳熙以后亡佚，直至清乾隆年间才从日本传回中国，可谓久佚重光，终成幸事，堪称中日书籍交流史上的佳话。

論語學而第一　何晏集解 九十五章

子曰學而時習之不亦悦乎　馬融曰 子

者男子之通稱謂孔子也王肅曰時

者學者以時誦習之誦習以時

學無廢業所以爲悦懌也

有朋自遠方來不亦

樂乎 苞氏曰同門曰朋也

人不知而不愠不亦

亦君子乎 慍怒也凡人有所不知君子不愠也

有子

曰孔安國曰

弟子有若 其爲人也孝悌而好

犯上者鮮矣 鮮少也上謂凡在己上者言孝悌之人必恭順好欲犯

其上者少也

不好犯上而好作

亂者未之有也君子務本本立而

道生 本基也基立而後可大成也

仁之本與 先能事父兄然後可乃仁成也 子曰巧

孝悌也者其

论语集解十卷

（三国魏）何晏撰　**论语集解劄记一卷** （日）市野光彦撰　日本文化十三年（1816）市野光彦青归书屋刻本

　　曹魏正始年间，何晏等人集孔安国、马融、郑玄等8家训解，编成《论语集解》一书，以玄释儒，盛行于世，影响深远，成为后世诸家《论语》注疏之蓝本。日本《养老令·学令》记载明经道的课目里有"论语郑玄何晏注"，可见奈良时代《论语》郑玄、何晏二注就已进入学校教育。

中国国家图书馆藏

論語集解敍終

論語集解

論語集解義疏卷第一

魏 何晏集解
梁 皇侃義疏

論語學而第一 [疏]論語是此書總名學而為第一篇別目也中間講說多分為科段故言第一也

次成故既以成器人不以教一者須學而成人無別科而以學記云玉不琢不成器人不學不知道是以先者皆須學故言學而最先者言凡聖以下皆須學成始也學而既為遍該첫故以學而居首故言學而第一也數之

子曰學而時習之不亦悦乎 [註]馬融曰子者男子通

论语集解义疏十卷

（三国魏）何晏集解 （南朝梁）皇侃义疏 清乾隆道光间长塘鲍氏知不足斋丛书本

魏晋时期，《论语》成为士人清谈之资，注家蜂起。除三国魏人何晏《论语集解》以外，晋代江熙又集13家之说编为集解。南朝梁皇侃采用江氏集解及通儒旧说为何晏《论语集解》作注，是南朝《论语》主要注疏之一。平安时代初期以前，何晏集解与皇侃义疏等8种《论语》文本均已传入日本。

日本永青文库捐赠

经典释文
唐音袅袅

　　《经典释文》是唐代经学家陆德明所撰的音义训诂之书，收录汉魏六朝 230 余家音切，为《周易》《古文尚书》《毛诗》等 14 部经典注音释义，故名。全书保存了唐以前的文字音读，为研究汉魏六朝语音变迁提供了丰富材料。除考证古音之外，陆德明还综述经学源流、考证版本异同、兼采诸儒训诂，大量逸文佚著有赖《经典释文》而保存至今，是后人研读儒、道经典必据之津梁。

　　《经典释文》唐代时就已传入日本，日本奈良兴福寺至今还保存着唐代写本《经典释文·礼记音义》残卷。书中避唐太宗讳，"民"字缺笔。平安时代，日本佛教盛行，僧人在《经典释文》背面抄写佛经并剪裁成册，因而流传的抄本每页两侧缺失一二行。至昭和年间，后人才发现此尘封千年的《经典释文》，并将其复原为古卷形态，为重要文化财。

书卷为媒　友谊长青

日本永青文库捐赠汉籍入藏中国国家图书馆特展图录

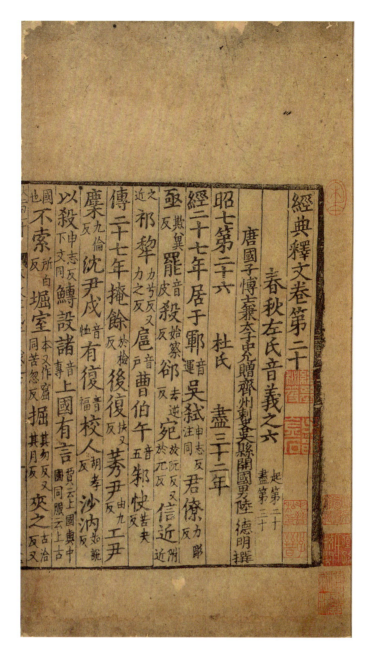

经典释文三十卷

（唐）陆德明撰　宋刻元递修本

《经典释文》于五代后周显德年间第一次雕版，北宋初年再次校刻，可惜均已失传。今存最早的《经典释文》单行刻本，即此南宋初期杭州地区宋刻元递修本。此本钤有蒙古文官印、国子监、崇文阁及文渊阁印记，表明元明两代曾为政府官方藏书；所钤五玺大印，表明其曾属清宫天禄琳琅之物。

中国国家图书馆藏

經典釋文卷第一

序錄

唐國子博士兼太子中允贈齊州刺史吳縣開國男陸德明撰

序

夫書音之作作者多矣前儒撰著光乎篇籍其來旣久誠
無閒然佢降聖已還不免偏尚質文詳略互有不同漢魏
迄今遺文可見或專出己意或祖述舊音各師成心製作
如面加以楚夏聲異南北語殊是非信其所聞輕重因其
所習後學鑽仰罕逢指要夫筌蹄所寄唯在文言差若毫
釐謬便千里夫子有言必也正名乎名不正則言不順言
不順則事不成故若子名之必可言也言之必可行也斯
富哉言乎大矣盛矣無得而稱矣然人稟二儀之淳和含

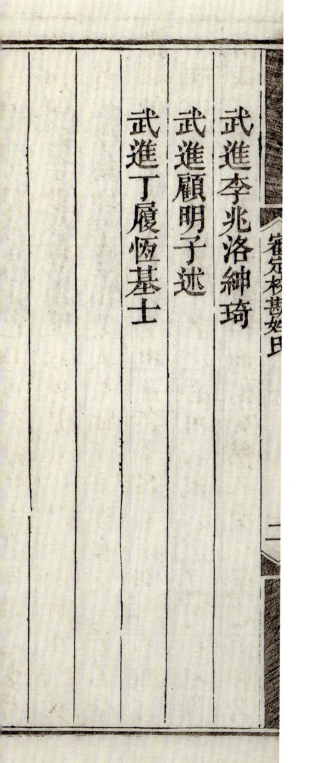

经典释文三十卷

（唐）陆德明撰　**考证三十卷**（清）卢文弨撰　清同治八年（1869）崇文书局刻本

先秦古书中的文字和音义屡经转变，往往一字数读，众说纷纭，至隋唐时已难明其奥。有鉴于此，陆德明不仅为《周易》《论语》等儒家经典一一注音，还沿袭魏晋学风，将《老子》《庄子》也列于经典之列。唐贞观初，太宗阅后甚为嘉赏，此书遂广为流传。

日本永青文库捐赠

微书集汇
谶纬之学

　　《古微书》是古代纬书佚文的汇辑，明末清初孙瑴（jué）编。作者以纬书阐发圣人微言大义，故名。中国古代阴阳数术及谶纬迷信之学流传颇广，自隋禁图谶以后，其书大多不传。宋代只有《易》纬数种，至明代，所能得见者更是寥寥无几。孙瑴将辑佚旧文分为四部，总名为《微书》，其中《焚微》《线微》《阙微》今皆不传，仅《删微》留存于世。

　　《古微书》是谶纬辑佚学史上的重要著作，它首次将久已湮没的谶纬文献搜集齐备，为清代的谶纬辑佚和研究奠定了基础，清代出现的一批纬书辑佚之作，都是在它的基础上增补而成，为后人研究、了解纬书和东汉经学提供了重要参考。

古微書卷之一

明華容孫　瑴著錄

尚書緯

貢居子謹按隋史經籍志尚書緯三卷其目凡五曰璇璣
鈐曰考靈曜曰刑德放曰帝命驗曰運期授皆主言天咫
地游帝王運歷之大事而五逸其三矣稍可窺者考靈曜
帝命驗二文亦復無篇第無章次姑循其義類而確爲班
部至其叢脞錯零不可爲顛委者雖一語雖三數語猶復
綴之以志探賾之勤其中候諸讖別自爲篇

尚書考靈曜

貢居子曰學莫大于稽天自堯歷象舜璣衡于是禮樂兵

　　　　　　　　　　尚書考靈曜

一　　　　　　　　　對山問月樓

古微书三十六卷

　　（明）孙瑴辑　清嘉庆十七年（1812）陈世望对山问月

楼刻本

　　《古微书》分为 4 部，其中《焚微》辑秦以前逸书；《线微》

辑汉晋间笺疏；《阙微》征皇古 72 代之文；《删微》辑纬书佚文。

今前三书皆不传，仅存《删微》留存于世，故专享《古微书》

之名，实为其中一种。

日本永青文库捐赠

说文解字
追古溯源

　　《说文解字》是我国第一部按部首编排的字书。东汉经学家许慎将所收的汉字按照字形和结构分列为 540 部，并系统阐述了汉字的造字规律——六书，对我国后世及日本均产生了极大影响。汉字东传后，日本对汉字积极吸收、衍化和创新，在保留大量古汉字特点的同时，根据汉字草书和楷体偏旁创造出日文"假名"，极大地丰富了本国文字。

　　清代学者段玉裁在许慎《说文解字》的基础上，以经考字，广引博征，著成《说文解字注》，成为研读《说文解字》的重要著作，刊行后风靡一时，不久便传入日本。日本弘化四年（1847），汉学家小畑（tián）行简对其进行点校，成为日本学者研究《说文解字注》的开山之作。此时距《说文解字注》刊行仅 32 年，由此亦可一窥江户时代日本汉学的兴盛发展。

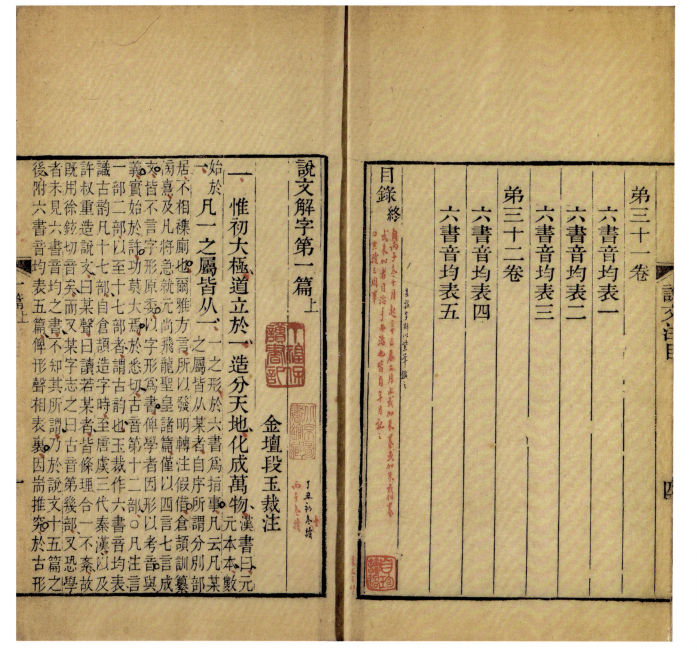

說文解字第一篇上

金壇段玉裁注

一　惟初大極、道立於一、造分天地、化成萬物、漢書曰、元元本本數之始也凡一之屬皆從一、一之形於六書爲指事凡云凡某之屬皆從某者自序所謂分別部居不相襍厠也爾雅方言說文爾雅者所以釋古今之異言通方俗之殊語方言爾雅所以釋古今之異言通方俗之殊語說文則直言諸經傳皆不言某之屬皆從某惟說文有之有以見六書之指一字必兼三者每字先以說解次以音

一部凡二字以至十七部皆自倉頡造字時至唐虞三代秦漢以及許慎造說文曰某篆字也某某也其說解字形者也形聲讀若者皆以音與義相表裏因音以説義究於古形

弔文解字注　一篇上

說文解字注十五卷

（汉）许慎撰　（清）段玉裁注　清嘉庆二十年（1815）金坛段玉裁经韵楼刻本

段玉裁历时 13 年，于嘉庆十二年（1807）完成《说文解字注》，嘉庆二十年段氏去世前刻印完成。此为《说文解字注》的最早刻本。

中国国家图书馆藏

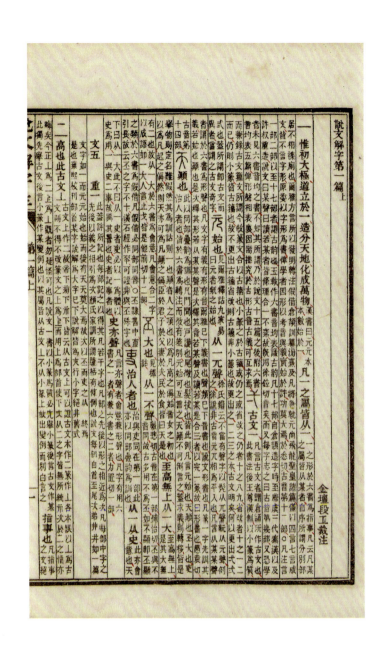

说文解字注十五卷

（汉）许慎撰　（清）段玉裁注　**附四种：六书音韵表五卷** （清）段玉裁撰　**说文部目分韵不分卷** （清）陈焕编　**说文通检十四卷首一卷末一卷** （清）黎永椿编　**说文解字注匡谬八卷** （清）徐承庆撰　民国二十二年（1933）上海扫叶山房石印本

《说文解字注》于每字之下标明古韵分部，并注重从汉字的本义推求引申义。书后所附《六书音韵表》将上古韵分为6类17部，超迈前人，启导后来，成为音韵学上一部划时代的著作，达到了乾嘉时期的最高水平。

日本永青文库捐赠

惟初大極道立於一造分天地化成萬物

本數始於一之方本凡一之屬皆從一之屬皆從某

居不相襲庸也爾雅方言所以發明轉注假借倉頡訓纂
皆不言字形原委以字形爲書俾學者因形以考音與義實始於許功莫大焉於悉切古音
文皆不言字形原委以字形爲書

一部二部以至十七部者謂古韵也玉裁作六書音均表謂古韵十七部自倉頡造字時至
許叔重造說文日某聲日讀若某者皆條理合一不紊故既用徐鉉切音每字注之曰
者未見六書音均之書不知其所謂也於說文十五篇之後附六書
晉音均表五篇裏因常推究於古形古音古義可互求焉

式也益所謂即古文而古籀文奇字者謂之古文奇字也
興者當謂之古文籀文是也

而已仍則小篆皆古籀也故不更出古文合以古籀省改則古籀非小篆也故更出之或仍之或省之一二三之本也
而兼錄古文籀文者慎於小篆合以古籀

者謂即於六書爲形聲也凡文字有義有音有形爾雅已下義書也釋其音爾雅及讀若某某聲是合三者以完一篆也
義若某者謂於六書爲形聲也釋其形書也

者也益所謂即古文而古籀文

元 始也見爾雅釋詁九家易皆從一兀聲之徐氏鍇云非古音元古音平古文 一 此書法後王
天 顛也至高無上从一大他前切十二部凡一之屬皆從一兀聲徐氏鍇說文元始也
古音第十四部天顯也治人者也以同部疊韵爲訓也凡門聞也戶護也尾微也髮拔也皆此例凡言此例者疊韵爲訓也
此以同部疊韵爲訓也凡者也以同韵爲訓釋詁而微有差別元始可互言之天顛不可倒言之

丕 大也見釋詁从一不聲敷悲切古音在第一部古多用爲至高無
有二也故一大於人言止戈皆是他前切十二部凡會意合二字爲一會意之恉則天亦可爲凡顛之偉臣於君子於父妻於夫民於食皆曰天是也
以成語如一大人言止戈皆是

吏 治人者也亦从史亦聲史亦書之一者有兼六書之二者方置切
舉物則定名難爲假然其爲訓詁則一也顛者人之頂也以凡爲之故其偉之始者女之始也以同部疊韵爲訓也
擧物則定名難爲假

史 亦聲書之一者有兼六書之二者
之類於六書爲假借必同部同音〇不隸書中直引長故云一大於六書爲會意凡會意合二字爲用一與史二事故異其暑也史者記事者也
引長故云一大此不日从一大此不漢石經作率可證非與

文字如一而元元始也而後有天天莫大焉故一大爲天大字莫大焉
文字如一而元元始而後有天天莫大焉故一大爲天下皆云从古文上可以證古文本作二故帝下旁下皆从古文上
史爲用一與史二事故異其暑也

文五 重一 先後以義之相引爲次顏氏家訓所謂緩括有條例也說文每部自首至尾次第井井
先後以義之相引爲次

高也此古文上文則不得不改篆文之式上爲上而下皆用上从古文上使下
高也此古文上
古文上作二故帝下旁下皆从古文上而下皆用上从古文本作二之字皆無所

泼墨成草
书道相承

　　《草字汇》是清代乾隆年间书法家石梁所辑的一部草书法帖。此书搜辑了自汉至明历代名家的草书真迹共 87 家，包括唐太宗、宋徽宗等帝王圣迹，以及汉代"草圣"张芝、晋代"书圣"王羲之等书法名家之作。《草字汇》体例完备，摹刻精致，自乾隆五十一年（1786）刊行以来，风行 200 余年，成近代以来草书之范本。

　　日本是受中国书法艺术影响最为深远的国家之一。在日本的书道作品中，圣德太子的《法华义疏》是现存最早的墨迹，已流露出明显的草隶风格。从唐代怀素的狂草，到晚明王铎的行草，草书影响了一代又一代日本文人墨客。《草字汇》在江户时代即有多种刻本行世，明治时代仍刊印不衰，体现出日本书坛对草书的热爱。

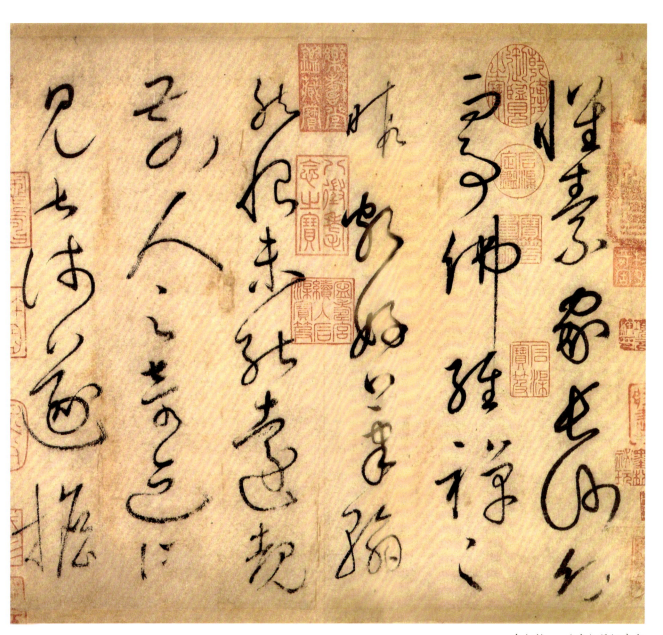

自叙帖　（唐）释怀素书

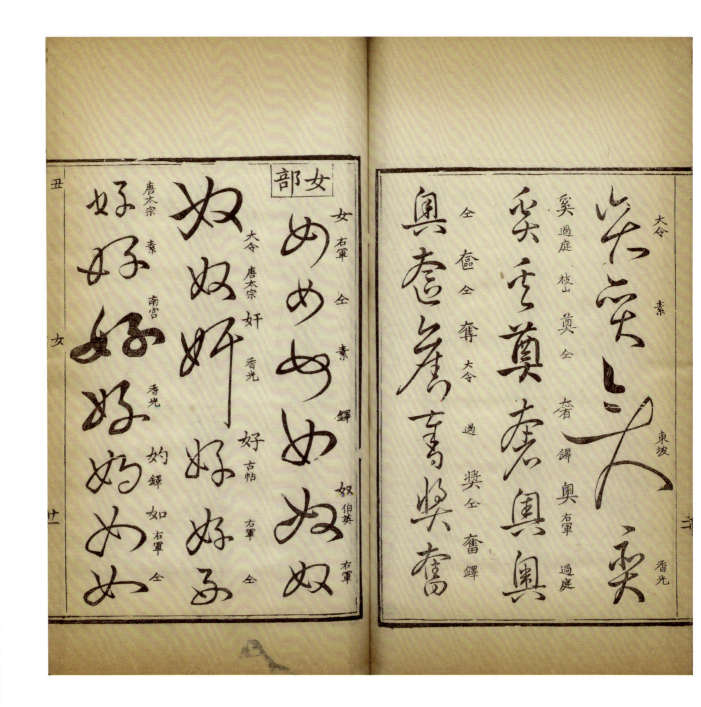

草字汇十二卷

（清）石梁辑　清乾隆五十二年（1787）大成斋刻本

《草字汇》撰成于清乾隆五十一年（1786），同年由同文
会刻印发行，至第二年就有敬义斋、大成斋、凤藻书屋等多
种刊本行世。此本即为《草字汇》早期刻本之一。

中国国家图书馆藏

草字汇十二卷

（清）石梁辑　日本浪华积玉圃刻本

《草字汇》既是一部草书法帖，也是一部可按部首检索的字书。该书依照明代梅膺祚《字汇》的体例，按偏旁属部编次，共分214部，以12地支分集。字头之下，收录各家不同字体，旁注小字楷书，以与草书对照。每字旁标注书家姓名，便于检阅。

日本永青文库捐赠

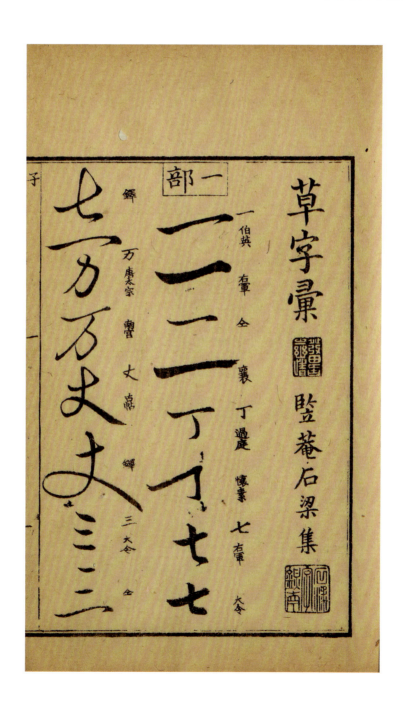

皇清经解
经学集萃

　　《皇清经解》又名《学海堂经解》，为阮元对清初至乾嘉间经学著作之选辑，收经学著作74家，180余种，1400卷。此书为清代学者考订训释之成果，从中可以考见清代经学之演变，是研究清代经学之主要资料，对研究中国古代历史、语言文字等亦有参考价值。光绪十一年（1885），江苏学政王先谦又搜采乾嘉以后之经学著作与乾嘉前阮元刻《皇清经解》所遗者，于江阴南菁书院设局汇刊，光绪十四年（1888）刻竣。计经学著作111家，209部，1430卷，名《皇清经解续编》，又名《南菁书院经解》。

皇清經解卷一

左傳杜解補正

崑山顧處士炎武著

學海堂

北史言周樂遜著春秋序義通賈服說發杜氏違今杜氏單
行而賈服之書不傳矣吳之先達邵氏寶有左觿百五十餘
條又賈氏粲有左傳附注傳氏遜本之為辨誤一書今多取
之參以鄙見名曰補正凡三卷若經文大義左氏不能盡得
而公穀得之公穀不能盡得而啖趙及宋儒得之者則別記
之於書而此不其也

隱元年莊公寤生驚姜氏　解寐寤而莊公已生恐無此事應
劭風俗通曰兒墮地能開目視者為寤生

不如早為之所　解使得其所宜改云言及今制之

皇清經解卷一　顧處士左傳杜解補正　一庚申補刊

皇清经解一千四百八卷

（清）阮元辑　清道光九年（1829）广东学海堂刻咸丰
十一年（1861）补刻本

《皇清经解》上承清初《通志堂经解》，下启清晚期《皇清经解续编》，以丛书编纂的形式，将清代前期主要经学著作汇集。以作者为纲，按时代先后，依人著录，或选其专著，或辑其文集、笔记。其编刻既是古籍整理的一大成就，也是优秀学术成果保存、传播的重要举措。

日本永青文库捐赠

九經誤字

崑山顧炎武甯人著

今天下九經之本以國子監所刻者為據而其中譌脫實多

又周禮儀禮公羊穀梁二傳既不列於學官其學殆廢而儀

禮則更無他本可讐其譌脫尤甚於諸經若士子各專一經

而下邑窮儒不能皆得監本止習書肆流傳之本則又往往

異於監本無怪乎經術之不通人材之日下也余至關中

見唐石壁九經復得舊時摹本讀之雖不無蹟駁而有足以

正今監本之誤者列之以告後學亦庶乎離經之一助云東

吳顧炎武

易

卷千四百二十八之千四百三十

經述 林頤山著

二五

皇清经解续编一千四百三十卷

（清）王先谦辑 清光绪十二至十四年（1886-1888）南菁书院、江苏书局刻本

阮元《皇清经解》后，数十年间，虽汉学盛时已过，但仍有不少经学著作问世，散见于世，因此不少人有续刻之议，如俞樾、费念慈及张之洞等，直至王先谦始成。《皇清经解续编》体例一仿阮元《皇清经解》，刻竣后板存南菁书院，后毁于战火。

日本永青文库捐赠

正史体尊
义与经配

二十四史是我国历史上各朝代由官方编撰或认可的二十四部史书，又称作"正史"。明朝万历年间国子监刊行的正史已有21部，清乾隆时又将《明史》《旧唐书》和从《永乐大典》中辑录出来的《旧五代史》，一并列入正史，经乾隆皇帝钦定，合称"二十四史"。二十四史中有关日本的记载，被视为研究古代中日关系史乃至古代日本史的珍贵史料。

据《续日本纪》载，神护景云三年（769），称德天皇赐给太宰府学五部书，即《史记》《汉书》《后汉书》《三国志》和《晋书》。德川幕府建立后，奖励学问，倡导儒学，官方学部场所亦多采用《史记》《汉书》《后汉书》作为必读史书。这些必读经典不仅影响了各藩官学，而且还传播到广大日本民众之中。

豈懷私念特邪及別執手泣涕相勉以忠義訖平劇盜
實二公之力知其心不叛知其心難也忿必見短知其
材益難也此保皇與汾陽之賢等耳年投保皇必曰彼
貴我賤我降下之不宜以舊忿殺我保皇果不殺人之
常情也臨淮請死於汾陽亦以舊人之常情也
出於巳年且寒飢易為感動汾陽臨淮平生亢立年事
之命出於天子權於保皇汾陽為優此乃聖賢遲疑成
敗之際也世稱周邵為百代之師周公擁孺子而邵公
疑之以周公之聖邵公之賢少事文王老佐武王能平
天下周公之心邵公且不知之苟有仁義之心不貪以
明雖邵公尚爾況其下哉嗟乎不以怨毒相甚而先國
家之憂晉有祈奚唐有汾陽保皇孰謂夷無人哉
日本古倭奴也去京師萬四千里直新羅東南在海中
島而居東西五月行南北三月行國無城郭聯木為柵
落以草茨屋左右小島五十餘皆自名國而臣附之置
本率一八檢察諸部其俗多女少男有文字尚浮屠法
其官十有二等其王姓阿每氏自言初主號天御中主
至彥瀲凡三十二世皆以尊為號居筑紫城彥瀲子神
武立更以天皇為號徙治大和州次日綏靖次安寧次
懿德次孝昭次天安次孝靈次孝元次開化次崇神次

乾隆四年校刊

二十四史

清乾隆四年（1739）武英殿刻本

清乾隆武英殿本"二十四史"的校刊工作主要在乾隆四至十一年（1739-1746）间进行，主要由博学鸿词和进士出身的翰林负责，如齐召南、杭世骏等学者均为一时之选，由此保证了校勘的质量，使殿本正史远迈前代诸本。

豈懷私念哢邪及別執手泣涕相勉以忠義訖平劇盜
寶二公之力知其心不叛知其心難也忿必見知其
材益難也此保皇與汾陽之賢等耳年投保皇必曰彼
貴我賤我降下之不宜以舊念殺我保皇果不殺人之
常情也臨淮請死於汾陽亦人之常情也保皇任年事
出於巳年且寒飢易爲感動汾陽臨淮平生六立臨淮
之命出於天子權於保皇汾陽爲優此乃聖賢遲疑成
敗之際也世稱周邵爲百代之師周公擁孺子而邵公
疑之以周公之心邵公之賢少事文王老佐武王能平
天下周公之心邵公且不知之苟有仁義之心不賚以

明雖邵公尚爾況其下哉嗟乎不以怨毒相甚而先國
家之憂晉有祈奚唐有汾陽保皇孰謂夷無人哉
日本古倭奴也去京師萬四千里直新羅東南在海中
島而居東西五月行南北三月行國無城郭聯木爲柵
落以草茨屋左右小島五十餘皆自名國而臣附之置
本率一人檢察諸部其俗多女少男有文字尚浮屠法
其官十有二等其王姓阿每氏自言初主號天御中主
至彥瀲凡三十二世皆以尊爲號居筑紫城彥瀲子神
武立更以天皇爲號徙治大和州次曰綏靖次安寧次
懿德次孝昭次天安次孝靈次孝元次開化次崇神次

乾隆四年校刊

二十四史

民国五年（1916）上海商务印书馆影印清乾隆武英
殿刻本

"二十四史"用统一的纪传体体裁，完整、系统地
记载了我国从传说中的黄帝至明朝崇祯年间的历史流程，
展示了历代王朝的兴衰轨迹。

日本永青文库捐赠

豈懷私念時邪及別執手泣涕相勉以忠義詫平劇次

實二公之力知其心不叛知其心難也念必見短知其

材益難也此保皐與汾陽之賢等耳年投保皐必曰彼

貴我賤我降下之不宜以舊念殺我保皐果不殺人乃

常情也臨淮請死於汾陽亦人之常情也保皐任年事

出於巳年且寒飢易為感動汾陽臨淮平生亢立臨淮

之命出於天子權於保皐汾陽為優此乃聖賢遲疑戒

敗之際也世稱周邵為百代之師周公擁孺子而邵八

疑之以周公之聖邵公之賢少事文王老佐武王能平

天下周公之心邵公且不知之苟有仁義之心不資以

史家绝唱
无韵离骚

　　司马迁所撰《史记》记载了上起黄帝时代下至汉武帝元狩元年（前122）共3000多年的历史，是我国第一部纪传体通史，其所创立的纪传体裁，被历代奉为修史之典范。明万历年间凌稚隆以三家注本为底本，搜集整理历代学者计150余家的评论评点，汇为一编，成《史记评林》。后明代学者李光缙又进行增补，对凌稚隆搜罗不全之处予以补充，使该书更加完备。

　　《史记评林》于江户时代传入日本后备受欢迎，因其收录《史记》原文、三家注及各家评点和注释，阅读和使用十分方便，很快在日本出现了众多刻本，基本都是以李光缙增补本为基础，并将全书正文及注文加上训点，使读者更容易理解文意，是日本学者研究《史记》的重要参考书籍。

史记评林一百三十卷

（汉）司马迁撰　（南朝宋）裴骃集解　（唐）司马贞索隐　（唐）张守节正义　（明）凌稚隆辑　（明）李光缙增补　日本宽永十三年（1636）洛阳八尾助龙卫门尉刻本

此本完全覆刻了李光缙增补本，为日本最早刊刻的《史记评林》之一。江户时代，《史记评林》因发行场所不同分为"八尾版"和"红屋版"两个系统，风靡日本，流布颇广。

中国国家图书馆藏

史记评林一百三十卷首一卷

（明）凌稚隆辑　（明）李光缙增补　日本明治二十五年（1892）东京印刷会社铅印本　存一百二十六卷（一至四十一、四十四至四十六、五十至一百三十，首一卷）

是书在《史记》正文下抄录三家注，将各家评语及凌氏本人的考辨载于眉端，正文标识句读，每句每段的文法大义旁注于侧。

日本永青文库捐赠

夫楊樛居虹反從與議於海上曰　正義曰音從　才用反與

古之帝者、地不過三千里　正義曰過音戈、千里謂王畿、諸

侯各守其封域、或朝或否、相侵暴亂、殘伐不止。

猶刻金石、以自為紀。古之五帝三王、知教不同。

法度不明、假威鬼神之威、以欺服遠方之民、若長弘

以欺遠方、實不稱名、故不久。

長其身未歿、諸侯倍叛、法令不行。今皇帝并一

海內、以為郡縣、天下和平。昭明宗廟、體道行德、

尊號大成。羣臣相與誦皇帝功德、刻于金石、以

為表經。既巳、齊人徐市等上書言海中有三神

山、名曰蓬萊、方丈、瀛洲　正義曰漢書郊祀志云、此三神山者、其傳在勃海中、法人

不遠、蓋曾有至者、諸仙人及不死之藥皆在焉、其物禽獸盡白、而黃金白銀為宮闕、未至望之如雲、及到三神山反居水下、臨之患且至、則風輒引船而去、終莫能至云、世主莫不甘心焉

與三童男女求之。於是遣徐市發童男女數千人、

人字音使讀市作市廛則與後相近翻又作徐福非有何孟春曰徐市二字切字且市音市兩名又漢市以時相

（上部注）

書注稱臣瓚後人亦迷其姓何齊書此一字耶

傳曰舊師趙簡子之子敬克伐者下為三句韻王世貞曰左石於琅邪臺下二十八名字並刻頌此頌前後序兩句為韻上夫大夫受

大夫受千里百杜縣氏下正義曰過音戈千里謂王畿諸

註曰堯縣有四千郡當是縣也

時縣分天下為郡統者為九十

按九州其所統復為九州也

二州并四十州大兼地耳自益日諸

以侯之大國而分秦始皇有諸

縣以為之名秦孝公郡置

命四十罷疾縣後地

守而天下三十六統郡

并凡三十六而改統郡

縣而郡此始又不可

不知此神仙書矣

汉书评林
钩稽群册

班固所撰《汉书》是我国第一部纪传体断代史。书中保存的西汉史料十分丰富，展现了始于高祖、终于王莽的兴衰历史变迁。自东汉成书以来，历代学者对之考证、注疏、评论的著作层出不穷。明万历时期凌稚隆在《史记评林》辑成之后，博搜群籍，并参考其父凌约言《汉书评抄》，收集各家对《汉书》的评点，撰成《汉书评林》。它汇集了东汉至明代170余家评论精粹，同时也蕴含着凌氏的个人见解，堪称有明一代《汉书》评点类书籍的集大成之作，为后世研究《汉书》提供有益的借鉴。

日本江户时代《汉书评林》大量刊印，还涌现出多种有关《汉书》校订、考证、评论的著作，是日本学者研究《汉书》的重要参考书籍。

班固

孟坚汉书二十餘年始成當世甚重其書學者莫不諷誦范蔚宗謂其文贍而事詳人稱其序事不激詭不抑抗瞻而不穢詳而有體便讀之者亹亹而不厭云

班固〔摘自《晚笑堂画传》（清）上官周绘
胡佩衡选订　人民美术出版社　1959年〕

浪朝鮮民犯禁八條　師古曰今不具見　相殺以當時償殺相
傷以義償相盜者男沒入為其家奴女子為婢欲自
贖者人五十萬雖免為民俗猶羞之嫁取無所讎古
曰讎讀曰售　是以其民終不相盜無門戶之閉婦人
貞信不淫辟　師古曰辟讀曰僻　其田民飲食以籩豆
都邑頗放效吏及內郡賈人往往以杯器食
吏於遼東見民無閉藏及賈人往者夜則為盜俗
稍益薄今於犯禁寖多至六十餘條可貴哉仁賢之
化也然東夷天性柔順異於三方之外故孔子悼道不行設浮於海欲居九夷有以也夫樂
浪海中有倭人分為百餘國以歲時來獻見云

四度至十六度謂之析木之次燕之分也
齊地虛危之分野也東有甾川東萊琅邪高密膠東
南有泰山城陽北有千乘　清河以南勃海之高樂高
城重合陽信西有濟南平原皆齊分也少昊之世有
爽鳩氏虞夏時有季荝
殷末有薄姑氏皆為諸侯
氏與四國共作亂成王滅之以封師尚父是為太公
詩風齊國是也　今臨甾
名營丘故齊詩曰子之營　我虖峱之間兮
南有泰山城陽北有千乘

之歌曰泱泱乎大風也哉其太公乎國
一日間矣而韶夏勃然於其間相逢於
著峱山也　師古曰泱泱大之意也其
又曰峱我乎峱之間兮　弘大之意也
名營丘故齊　管晏列傳目子之營
國風管詩作　還齊詩作嬛性遍迻管
之歌入加　詩作嬛師古曰嬛音翾
季札之歌入加　以太公之開國
處烟波其綿邈

汉书评林一百卷

（明）凌稚隆辑　日本明历三年（1657）松柏
堂刻本

日本明历三年出版加训注的《汉书评林》，流
传颇广。

中国国家图书馆藏

漢書卷二十八下　地理下

隆按可貴哉仁
賢之化與敷其
民以禮義句相
懲

世與六國俱稱王東有漁陽右北平遼西遼東西有上
谷代郡鴈門南得涿郡之易容城范陽北新城故安涿
縣良鄉新昌及勃海之安次皆燕分也樂浪玄菟亦宜
屬焉燕稱王十世秦欲滅六國燕王太子丹遣勇士荆
軻西刺秦王不成而誅秦遂擧兵滅燕南通齊趙勇
碣之間所都會也（師古曰薊縣燕之所都勃海也碣石也）初太子丹賓養勇
士不愛後宮美女民以為俗至今猶然賓客相過以
婦侍宿嫁取之夕男女無別反以為榮後稍頗止然終
未改其俗愚悍少慮輕薄無威亦有所長敢於急人（曰赴人之急也或曰隙際也師古曰訓際是也）
寇俗與趙代相類有漁鹽棗栗之饒北隙烏丸夫餘（烏丸本東胡也爲昌頓所滅餘類保烏丸山因以爲號夫餘在長城之北去玄菟千里夫讀曰扶）
燕丹遺風上谷至遼東地廣民希數被胡（如淳）

賈真番之利玄菟樂浪武帝時置皆朝鮮濊貉句驪蠻
夷（朝鮮簡古音或漤藏）教其民以禮義田蠶織作樂浪朝鮮民犯禁八
條（師古）相殺以當時償殺相傷以穀償相盜者男
沒入為其家奴女子為婢欲自贖者人五十萬雖免為
民俗猶羞之嫁取無所讐是以其民終不
相盜無門戶之閉婦人貞信不淫辟（師古曰辟讀曰僻）其田民
飲食以籩豆（都邑頗放效吏及）
內郡賈人往往以杯器食（師古曰都邑之人顏用杯器也賈人也放音甫往反）郡謂南西北也故孔
俗稍益薄今於犯禁寖多至六十餘條可貴哉仁賢之
初取吏於遼東吏見民無閉臧及賈人往者夜則為盜
化也然東夷天性柔順異於三方之外（師古曰樂浪海中有）
子悼道不行設桴於海欲居九夷有以也夫樂浪海中
有倭人分為百餘國以歲時來獻見云（今猶有倭國魏略云）

汉书评林一百卷首一卷

（明）凌稚隆辑　日本明治十五年（1882）东京印刷会
社铅印本

凌氏采用总评、眉批、夹批等多种形式，将诸家评点
汇而归之，并参阅各家原著，使用多种符号对《汉书》原
文加以圈点。

日本永青文库捐赠

劉知幾曰漢書帝紀此其最勝者指次楚漢得失王維楨曰此紀以籍興亡之紀間多撮興亡紀而併入之籍較史記高祖紀而故史記先詳按史記楚而略次紀高祖紀殂詳于楚書首籍于漢書而略殂詳漢後傳項籍而略高祖詳于漢書而略于楚漢連下而又按母媼連下太公往觀句法讀方與下文相對日事雖幻茅坤曰自為震動之字不作娠之

高帝紀第一上

吳興後學凌稚隆輯校

師古曰紀理也統理衆事而繫之於年月者也

高祖

荀悅曰諱邦字季邦之字曰國張晏曰禮謚法無高以為功最高而為漢帝之太祖故特起名焉師古曰邦之字曰國者臣下所避以相代也

為漢帝之太祖故特起名焉師古曰邦之字曰國者臣下所避以相代也

沛豐邑中陽里人也

應劭曰沛縣也豐其鄉邑也師古曰沛者本秦泗水郡之縣豐者縣之聚邑其所生及長皆在豐故舉其本稱也此下言縣鄉邑故知邑繫於縣也

姓劉氏

師古曰本姓劉氏出自累而范氏在秦者又姓劉因以為姓

母媼

別名文穎曰幽州及漢中皆謂老嫗為媼孟康曰嫗音氳老母之通稱也師古曰媼女老之稱也孟音是矣

家不詳著高祖母之姓氏無得記之故取當時相呼稱號而言也其下王媼母皆字

非正史所說蓋無取焉寧有劉本姓實嘗息大澤之陂

於澤陂隄塘之上休息寢寐也陂音彼皮反夢與神遇不期而會曰遇

師古曰遇會也是時雷電晦冥言大雷電而晦冥晝晦父太公往視則見交龍於上巳而

有娠應劭曰晦冥動懷任之意左傳曰邑姜方娠孟康曰娠音身字也漢書皆以娠為任身字邑姜方震自為震動之遂產高祖高祖為人隆準而龍顏服虔曰準音拙應劭曰隆

三国立传
使译时通

　　《三国志》，西晋史学家陈寿所撰，是一部主要记载魏、蜀、吴三国鼎立时期的纪传体国别史。按成书时间，《三国志》是第一部为日本立传的正史，《三国志·魏书》中详细记述了日本的地理位置、社会形态、政治制度、经济物产、风俗人情以及中日交往情况，是研究早期日本及中日交流史的宝贵资料。《三国志》在日本翻刻很多，注释、考证浩繁，其具体传入日本的时间已不可考，但《日本书纪·神功皇后纪》中有三处引用并注明《三国志》中所记的中日使者往来之事。镰仓、室町时代，日本知识分子把《三国志》作为教养书目之一。直至今日，日本中学生的历史教科书中仍有三国史部分。

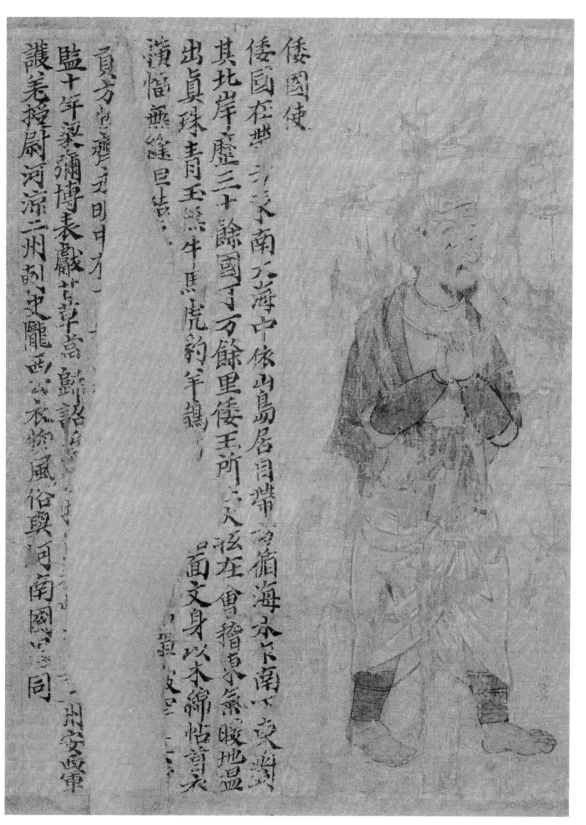

倭國使

倭國在帶方東大海中依山島居日帶方循海東下南東

其北岸歷三十餘國千萬餘里倭王所在會稽東

出真珠青玉縣牛馬虎豹羊鵠⋯⋯

面文身以木綿帖首衣

漢倭悃無縫旦告⋯⋯

貢方⋯⋯

監十年粲彌博表獻⋯⋯

護羌校尉河涼二州刺史龍⋯⋯衣裳風俗與河南國⋯⋯同

职贡图　（南朝梁）萧绎绘　宋人摹本　中国国家博物馆藏

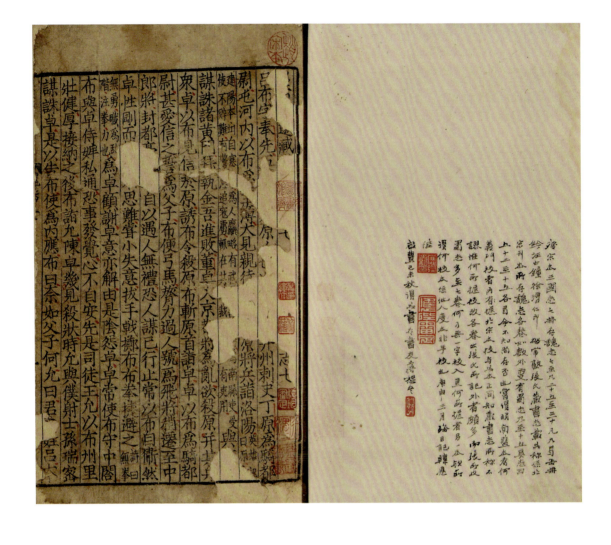

三国志六十五卷

（晋）陈寿撰　（南朝宋）裴松之注　宋刻本

宋刻《三国志》流传甚少，傅增湘曾云："各史中惟《三国志》未见宋刊完帙，生平所阅非残缺即入南监补版者。"故现存宋刻本尤显珍贵。

中国国家图书馆藏

倭水人好沉没捕魚蛤文身亦以厭大魚水禽後稍以為飾諸國
文身各異或左或右或大或小尊卑有差計其道里當在會稽東
治之東其風俗不淫男子皆露紒以木緜招頭其衣横幅但結束
相連略無縫婦人被髮屈紒作衣如單被穿其中央貫頭衣之
禾稻紵麻蠶桑緝績出細紵縑緜其地無牛馬虎豹羊鵲兵用
楠木弓木弓短下長上竹箭或鐵鏃或骨鏃所有無與儋耳朱崖
同倭地温暖冬夏食生菜皆徒跣有屋室父母兄弟卧息異處以
朱丹塗其身體如中國用粉也食飲用籩豆手食其死有棺無槨
封土作冢始死停喪十餘日當時不食肉喪主哭泣他人就歌舞
飲酒已葬舉家詣水中澡浴以如練沐其行來渡海詣中國恒使
一人不梳頭不去蟣蝨衣服垢污不食肉不近婦人如喪人名之
為持衰若行者吉善共顧其生口財物若有疾病遭暴害便欲殺
之謂其持衰不謹出真珠青玉其山有丹其木有枏杼橡樟楺櫪

檽櫪雜雄其竹篠簳桃支有薑橘椒蘘荷不知以為滋味有
獮猴黑雉其俗舉事行來有所云為輒灼骨而卜以占吉凶先告
所卜其辭如令龜法視火坼占兆其會同坐起父子男女無別人
性嗜酒（魏略曰其俗不知正歲四見但計春耕秋收為年紀）見大人所敬但搏手以當跪拜
其人壽考或百年或八九十年其俗國大人皆四五婦下戶或二
三婦人不淫不妒忌不盜竊少諍訟其犯法輕者没其妻子重
者滅其門戶及宗族尊卑各有差叙足相臣服收租賦有邸閣國
諸國有市交易有無使大倭監之自女王國以北特置一大率檢察
諸國諸國畏憚之常治伊都國於國中有如刺史王遣使詣京都
帶方郡諸韓國及郡使倭國皆臨津搜露傳送文書賜遺之物
女王不得差錯下戶與大人相逢道路逡巡入草傳辭說事或蹲
或跪兩手據地為之恭敬對應聲曰噫比如然諾其國本亦以男
子為王住七八十年倭國亂相攻伐歷年乃共立一女子為王名

晉著作郎巴西中正安漢陳壽撰

宋太中大夫國子博士聞喜裴松之注

二牧　劉焉　子璋

劉焉字君郎江夏竟陵人也漢魯恭王之後裔章帝
元和中徙封竟陵支庶家焉焉少仕州郡以宗室拜
中郎後以師祝公喪去官〔臣松之案徒祝公恬祝也〕徒祝公居陽城山
積學教授舉賢良方正辟司徒府歷雒陽令冀州刺
史南陽太守宗正太常焉覩靈帝政治衰缺王室多
故乃建議言刺史太守貨賂為官割剝百姓以致離
叛可選清名重臣以為牧伯鎮安方夏焉內求交阯
牧欲避世難議未卽行侍中廣漢董扶私謂焉曰京
師將亂益州分野有天子氣焉聞扶言意更在益州

相呼皆爲徒有似秦人非但燕齊之名物也名樂浪

人爲阿殘東方人名我爲阿謂樂浪人本其殘餘人

今有名之爲秦韓者始有六國稍分爲十二國

弁辰亦十二國又有諸小別邑各有渠帥大者名臣

智其次有險側次有樊濊次有殺奚次有借邑有已

柢國不斯國如湛國古資彌凍國弁辰接塗國勤耆國

難彌離彌凍國弁辰古資彌凍國弁辰古淳是國

冉奚國弁辰半路國弁樂奴國軍彌國弁辰彌烏邪

馬國如湛國弁辰甘路國戶路國州鮮國馬延

弁辰狗邪國弁辰走漕馬國弁辰安邪國馬延

國弁辰瀆盧國斯盧國優中國弁辰韓合二十四

大國四五千家小國六七百家總四五萬戶其十二

國屬辰王辰王常用馬韓人作之世世相繼辰王不

得自立爲王（魏略曰明其爲流移故爲馬韓所制）土地肥美宜種五

穀及稻曉蠶桑作縑布乘駕牛馬嫁娶禮俗男女有

別以大鳥羽送死其意欲使死者飛揚（魏略曰其國作屋横累木其形似牢獄也）

國出鐵韓濊倭皆從取之諸市買皆用鐵

如中國用錢又以供給二郡俗喜歌舞飲酒有瑟其

形似筑彈之亦有音曲兒生便以石壓其頭欲其編（爲獄之有似也）

今辰韓人皆編頭男女近倭亦文身便步戰兵仗與

馬韓同其俗行者相逢皆住讓路

弁辰與辰韓雜居亦有城郭衣服居處與辰韓同言

語法俗相似祠祭鬼神有異施竈皆在戶西其瀆盧

國與倭接界十二國亦有王其人形皆大衣服絜清

長髮亦作廣幅細布法俗特嚴峻

倭人在帶方東南大海之中依山島爲國邑舊百餘

魏志　卷三十　九一中華書局聚

三国志六十五卷

（晋）陈寿撰　（南朝宋）裴松之注　民国上海中华书局
铅印四部备要本

南朝宋文帝认为陈寿撰修的《三国志》内容虽精洁，但
太过简略，故诏令裴松之作注。裴松之注博采异闻，所依据
的史料可考者多达210余种，在诸史注中为最善。

日本永青文库捐赠

鉴于往事
资于治道

　　《资治通鉴》是由北宋司马光编纂的一部编年体通史，范围广博、繁简适宜、组织精密、条理清晰，在中国官修史书中占有极重要的地位。全书以时间为纲、事件为目，记载了周威烈王二十三年（前403）到五代后周世宗显德六年（959）的历史。在这部书里，编者总结出许多经验教训，供统治者借鉴，宋神宗认为此书"鉴于往事，有资于治道"，定名为《资治通鉴》，并亲自作序。

　　两宋时期，大批典籍通过商船传到日本，其中《资治通鉴》备受重视，花园天皇还曾召人讲授，称："此书历代治乱与君臣善恶大概无疑，尤枢要之书也。"在幕府统治末期，日本还成立通鉴会，用于培养人才。

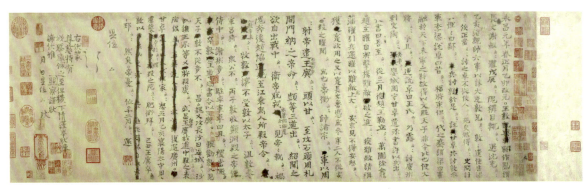

资治通鉴 （宋）司马光撰　稿本　中国国家图书馆藏

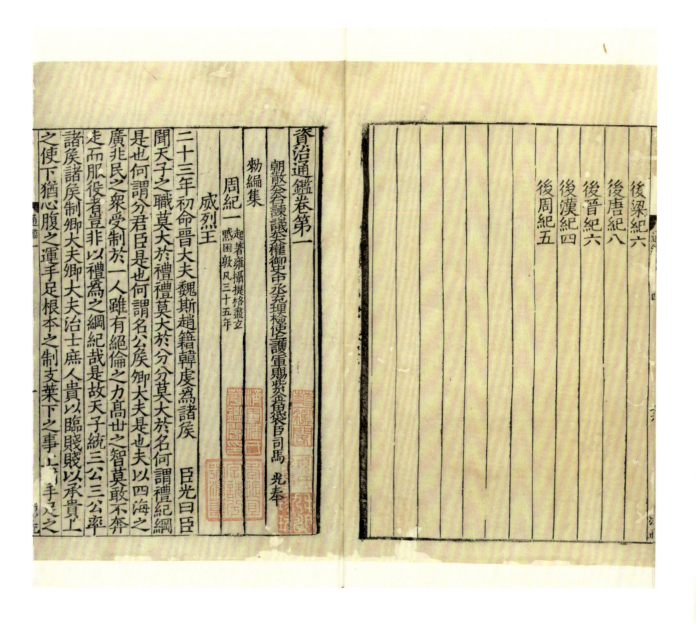

资治通鉴二百九十四卷目录三十卷

（宋）司马光撰 宋绍兴二至三年（1132-1133）两浙东路茶盐司公使库刻本

《资治通鉴》现存最早的刻本，校勘精审、版刻精良。迭经文徵明、顾从德、季振宜、徐乾学等名家珍藏，清初藏内府，钤有"天禄琳琅""天禄继鉴""乾隆御览之宝"等印。

中国国家图书馆藏

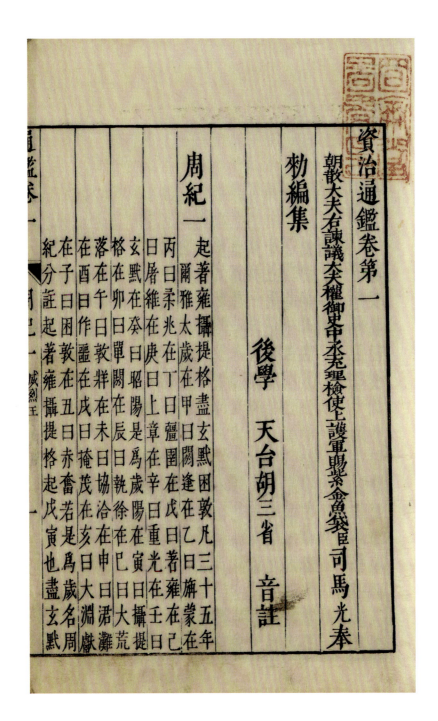

资治通鉴二百九十四卷

（宋）司马光撰　（元）胡三省音注　日本天保七年（1836）津藩有造馆刻本　存一百九十二卷（一至一百九十二）

《资治通鉴》是由北宋司马光主编的一部多卷本编年体史书。治平三年（1066）司马光受诏编纂，至元丰七年（1084）始成，历时19年。

日本永青文库捐赠

十八史略
童蒙良师

　　《十八史略》为元代曾先之所撰，以时间为序、以帝王为中心叙述上古至南宋末年的史事。曾先之将书名定为《十八史略》，表示该书是对 18 种史书的节略，所用史书是司马迁《史记》直至欧阳修《五代史记》的所谓"十七史"，宋代史事则取李焘《续资治通鉴长编》与刘时举《续宋编年资治通鉴》。明代《十八史略》流传颇广，不断有人为之注释、修订。

　　《十八史略》日本藏有明初刊本，元和以后，出版了覆刻五山版的活字印本。德川幕府时期，日本对《十八史略》的讲习逐渐兴盛，各藩官学多采用《十八史略》作为童蒙之书，传播既广，影响渐大。从江户时代到明治时代，注本多达数 10 种。此后大量不同版本的《十八史略》不断出版，以"史略"为名的日本历史读物纷纷涌现，对日本社会文化产生广泛的影响。

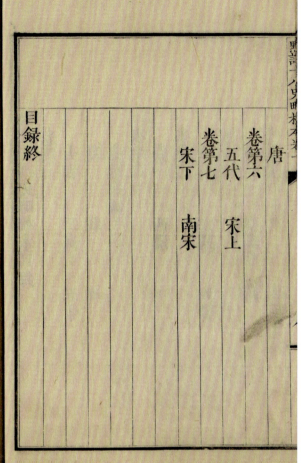

点注十八史略校本七卷

（元）曾先之编　（明）陈殷音释　（明）王逢点校　（日）石川鸿斋补订　日本明治十六年（1883）东京山中市兵卫刻本

是书最初篇帙仅为二卷，简明通俗、文笔精炼，是一部启蒙性的历史读本。

日本永青文库捐赠

至明い題曰元明史略以授童蒙求我者云寳暦改
元之冬

後藤世鈞題

增補元明史略卷之一

目録

讚岐　後藤世鈞

平安　藤原正臣　增補

元

世祖皇帝姓奇渥溫氏名忽必烈憲宗母弟也其先世為
蒙古部長　　　　　　其後子孫蕃衍至也速該香併諸部始強大
子鐵木真深沈有大略用兵如神滅國四十遂平西夏定
西域以宋開禧二年輯帝在位二十二年而殂廟號太祖

如用
神兵

增补元明史略四卷

（日）后藤世钧撰　（日）藤原正臣增补　日本
享和三年（1803）皇都五车楼刻本

书名叶题皇都五车楼发行，钤"楹野藏书"印。

中国国家图书馆藏

列女奇才
异彩纷呈

　　《列女传》是西汉刘向编著的一部介绍中国古代妇女事迹的传记性史书，开创了人物故事型女训的先河。

　　它成书于汉成帝永始元年（前16），后代多有增补。唐代传入日本，因日本正值平安时代，女性在生产劳动和社会婚姻生活中居于主导地位，贵族社会注重才艺技能的培养，《列女传》只是被极少数贵族女性当作文学作品进行阅读。镰仓幕府成立后，日本进入武家统治时期，《列女传》中的故事开始被用于道德训诫。江户时代，德川幕府为巩固社会秩序，倡导儒家忠孝思想，儒家女训的典范之作《列女传》受到广泛关注，不断刊刻出版。此后日本人仿照《列女传》的体例，根据本国情况撰写了《本朝女鉴》《本朝列女传》，创作出《鉴草》《女五经》等书，对近世日本女性的生活产生了很大影响。

列女傳卷之一
母儀傳
　有虞二妃
　　　　錢塘梁端無非校注

有虞二妃者帝堯之二女也長娥皇次女英舜父
頑母嚚父號瞽叟弟曰象敖游於嫚舜能諧柔之
承事瞽叟以孝母憎舜而愛象舜猶內治靡有姦
意四嶽薦之於堯堯乃妻以二女以觀厥內二女
承事舜於畎畝之中不以天子之女故而驕盈息
嫚猶謙謙恭儉思盡婦道瞽叟與象謀殺舜使塗
廩舜歸告二女曰父母使我塗廩我其往二女曰
往哉舜既治廩乃捐階瞽叟焚廩舜往飛出象

列女传八卷

　　（汉）刘向撰　（清）梁端校注　清道光十三年（1833）
汪远孙振绮堂刻本

　　西汉刘向校书时，采辑《诗》《书》所记载的妇女故
事编撰此书。现存母仪、贤明、仁智、贞顺、节义、辨通、
孽嬖7篇，每篇15人，共记列女100多人，东汉班昭又
续写一卷。是书宣扬母仪、妇德，流传颇广，东晋顾恺之
曾为书中列女画像。

　　　　　　　　　　　　　　日本永青文库捐赠

全像本朝古今列女传十卷

（日）黑泽弘忠编　日本宽文八年（1668）前川文荣堂刻本

书中介绍了儒家训诫女子的观点和做法，又从天地阴阳论出发对男尊女卑道德加以概括和总结。全书在编纂体例上模仿刘向《列女传》，且均用汉字书写，在每篇传记之后皆仿照《列女传》的体例，附有一首四言八句的颂词。

中国国家图书馆藏

狹穗姬　附日葉酢媛　淳葉田瓊入媛　眞砥野媛　弟苅瓊入媛　竹野媛

狹穗姬者垂仁帝之后也二年春二月辛未朔巳邜立狹穗姬爲皇后后生譽津別命生而帝愛之常在左右及壯而不言四年秋九月丙戌朔戊申皇后母兄狹穗彦王謀反欲危社稷因伺皇后之燕居而語之曰汝孰愛兄與夫焉皇后不知所問之意趣輙對曰愛兄也則誂皇后曰夫以色事人色衰寵緩今天下

光明子

嘉智子 附繁子内親王

藤貞子

藤穗子

尊子内親王

上東門院

藤歡子

全像本朝古今列女傳卷之一

后妃

古〈天子ノ之後宮。嬪廢皆曰〉妃〈カ周始テ立后。本朝從之〉

唐律疏议
法式备定

《唐律疏议》是永徽年间唐高宗诏长孙无忌等十余位大臣共同编定的律文，为我国现存最早、最完整的法典。中日两国之间的交往，在唐代形成了一个高峰。从贞观四年（630）至乾宁元年（894），日本共派出遣唐使19次，向唐朝学习法典、制度、文化。《日本书纪》曾载其上奏曰"大唐国者，法式备定珍国也，常须达"。日本大化二年（646），孝德天皇发布《改新之诏》，模仿唐朝进行一系列改革，史称"大化改新"。"大化改新"所颁《大宝律令》即效仿《唐律疏议》而成。日本自"大化改新"开始后，全面地吸取唐文化，至奈良时代达到鼎盛。天平宝字元年（757）施行的《养老律令》即是以《唐律疏议》为蓝本编纂而成。《大宝律令》和《养老律令》的制定，标志日本已成为一个法式完备的国家。

孝計庸坐贓論各令竹立言損毀者但

令修立不坐

議曰喪葬令五品以上聽立碑七品以上

立碣塋域之內亦有石獸其有毀人碑碣

及石獸者徒一年即毀人廟主者加一等徒

一年半其有因功修造之物謂樓觀垣墻

之類而故損毀者計修造功庸坐贓論

謂十退徒一年十退加一等仍令依舊修

立若誤毀損者但令修立不坐

諸請受軍器事訖停留不輸者十日杖六十

私有罪二等其弃毀者准盜論

議曰請受軍器謂鎧矟弓矟之類

十日如一等百日徒一年過百日不送者減

征式事訖停留不輸者十日杖六十十日加

一等百日徒一年過百日不送者減私有罪

二等檀與律私有甲一領流減二等徒二年

敦煌遺書　羽 020R　唐律殘卷《敦煌秘笈》武田科學振興財團杏雨書屋編　大阪武田科學振興財團　2012 年

故唐律疏議卷第二十五　詐偽

疏議曰詐偽律者魏分賊律為之歷代相因
迄今不改既名詐偽應以詐事在先以御寶
事重遂以偽造八寶冠首鬭訟之後須防詐
偽故次鬭訟之下

諸偽造皇帝八寶者斬 太皇太后皇太后皇后

皇太子寶者絞皇太子妃寶流三千里

疏議曰皇帝有傳國神寶有受命寶皇帝三
寶天子三寶是名八寶依公式令神寶寶而
不用受命寶封禪則用之皇帝行寶報王公
以下書則用之皇帝之寶慰勞王公以下書
則用之皇帝信寶徵召番國書則用之
天子行寶報番國書則用之天子之寶慰勞
番國書則用之天子信寶徵召番國兵馬則
用之皆以白玉為之寶者印也印又信也以
其供御故不與印同名八寶之中有人偽造
一者即斬其太皇太后皇太后皇后皇太子

故唐律疏议三十卷

（唐）长孙无忌等撰　元刻本

《唐律疏议》原名《律疏》，著录于两唐书志。宋元刊本，以其为前代典章，遂加"故"字，题为《故唐律疏议》。是书立法审慎、内容周详、条目简明、解释确当，成为以后历代制定刑律的范本。

中国国家图书馆藏

故唐律疏議卷第一

太尉揚州都督監修國史上柱國趙國公長孫無忌等撰

名例一　凡七條

疏　夫三才肇位萬象斯分

三才解見前篇肇始也萬象萬物也左傳物生而後有象

有象而後有滋然後有數

稟氣含靈人為稱首

天以二氣五行化生萬物氣以成形惟人也得其秀而

最靈書曰惟天地萬物父母惟人萬物之靈謂稟

受天地之靈者含靈萬物之中惟人為先

莫不憑黎元而樹司宰因政教而施刑法

會　救　改　正

徵收

自首

輕重等首

還主

發　未　發　已　罪　犯

亡　其　而　囚　未　已　發　事

過　悔　財　盜　強

故唐律疏议三十卷

（唐）长孙无忌等撰　**附三种：律音义一卷**（宋）孙奭等

撰　**宋提刑洗冤集录五卷**（宋）宋慈撰　**圣朝颁降新例**

不分卷　清光绪十七年（1891）刻本

　　是书以律文为经，按照律12篇的顺序，对502条律文逐条逐句进行诠解和疏释，并设置问答，辨异析疑。这种"疏在律后，律以疏存"的形式，被认为是中国法制史上之立法典范。

日本永青文库捐赠

制度通典
国朝根基

　　《制度通》记述中国古代典章制度的沿革，及与日本制度的关系。作者伊藤东涯（1670-1736），名长胤，字源藏，号东涯、慥慥斋，是日本江户中期儒学家，学问广博，精通儒学、汉语和中国政治制度，将其父伊藤仁斋所创建的古义学派发扬光大。本书撰成于享保九年（1724），校订后于宽政九年（1797）刊行。

　　根据书中伊藤长胤自序所述，此书"通考三代以来至宋明典章文物，参之以本朝之制，使读书考古者知其所由"。全书对中国的天文历法、地理都邑、职官制度、律令兵制等内容分门别类进行阐述。每一类下按时代早晚进行排序，介绍中国历代的制度，再对日本的相关情况进行阐述。书中保存了中国先秦至明代的政治、经济、社会、文化等方面的诸多史料，内容翔实，对研究中日古代制度具有重要的参考意义。

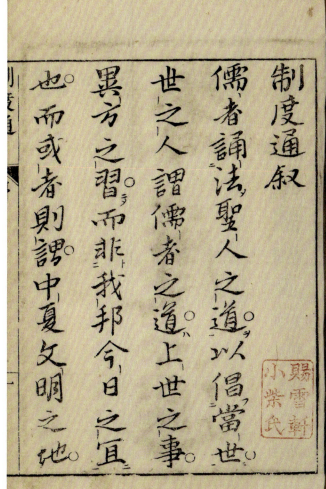

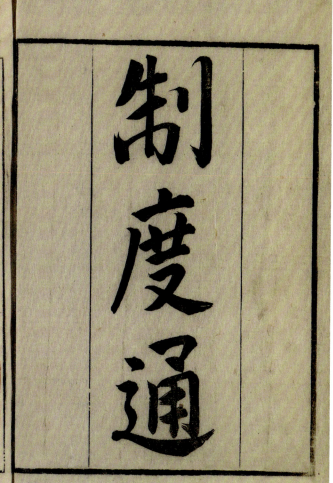

制度通 十三卷

（日）伊藤长胤辑　日本宽政八至九年（1796—
1797）刻本

　　是书分类记载中国历代典章制度的沿革，并对日
本的相关情况进行阐述，对中、日古代制度的比较研
究具有重要参考价值。

日本永青文库捐赠

制度通巻一

伊藤長胤 輯

▲元年改元ノ事

○古ヘハ天子諸侯即位ノ年是ヲ元年ト云唐
虞ハ載ト云夏ハ歳ト云殷ニ祀ト云周ヨリ此ノカ
タハ年トヱ元ト八天子ノ元士ノ元ノゴトクハジメトヱコ
トナリ先君崩薨ノ後明年ヲ元年ト云踰年改
元ナリト云是ナリ

▲元年改元ノ事

古ヘハ天子諸矦即位ノ年是ヲ元年

虞ニハ載ト云夏ニハ歳ト云殷ニハ祀ト云周

タハ年トヽ云元ト云ハ天子ノ元士ノ元ノゴトク八

トナリ先君崩薨ノ後明年ヲ元年ト云

元ストス云是ナリ

《佩文斋书画谱》为康熙皇帝敕纂，孙岳颁、王原祁等纂辑。此书集书画文献资料之大成，堪称中国书画学"百科全书"。其内容始自五帝，迄于元明，分论书、论画、帝王书、帝王画、书家传、画家传、历代无名氏书、康熙皇帝御制书画跋、历代名人书跋、历代名人画跋、书辨证、画辨证、历代鉴藏等。书中记载中国明代书法家姜立纲声名远播，日本京都国门高十三丈，为求匾额，遣使来华，"立纲为书之，其国人每自夸曰：此中国惠我至宝也"。这是中日两国人民文化交流、友好往来的一段佳话。

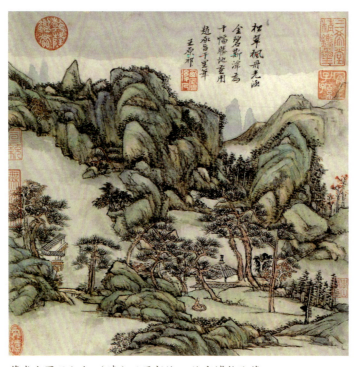

草堂十图册之十　（清）王原祁绘　故宫博物院藏

沙廷悟　鄺海
傅佐　吳震
柳濟　吳鑒
孫順　余孟拳
陳綱　王禮

佩文斋書畫譜卷第四十一

書家傳二十

明二

伊恒

伊恒字宗有吳人徙金陵少從博士弟子遊書蹟甚善名侍東宮洪熙初與修撰金問同被命待詔闕前進符璽少卿王圻續文獻通考

龐敘

□□字明敘吉水人永樂初詔鄉縣舉善書士隸兩制書□□勒北京者十數八從學□□□闇明友具焉除廿書舍人洪熙初爲豐部儀制郎□□

佩文斋书画谱一百卷

（清）孙岳颁等纂　清康熙刻本

是书于康熙四十四年（1705）始修，四十七年告成，计100卷，以内府所藏各朝文献为基础，所引古籍1844种，逐条注明出处，颇便稽考。

日本永青文库捐赠

吴越笔墨
慧心赏鉴

　　《吴越所见书画录》为清人陆时化游历吴越时，将知见所及的前人法书、尺牍、画迹，随手记录，汇编成书。陆时化，字润之，号听松，清太仓（今属江苏）人。聚书万卷，尤嗜法书名画，精鉴别。

　　书中收录唐至清初书画作品共 628 件，所载诸家以明代为多，清代仅录王原祁、恽（yùn）寿平等六家。每卷以时代为序，详载纸绢尺寸、印章、题跋及收藏处所，并简要评价艺术风格。书前有《书画说铃》29 则，后有《书画作伪囗奇论》一篇，杂记书画鉴赏、收藏、装裱诸事及作伪伎俩。书中反映了陆时化旷达的鉴赏心态、去伪存真的鉴赏目的，以及独具慧心的鉴赏境界。因陆时化精于书画鉴赏，所论颇为精当，而其对书画作品信息的详细记载，也为后人的鉴别和收藏提供了可靠依据。

双清图 （清）恽寿平绘 故宫博物院藏

書畫說鈴小引

聽松山人

兩漢以來文字蔚與其體不一詔誥疏議詞賦詩
騷歌頌誌狀銘表記序哀誄劉子書牘之外又有
曰說辨理之正論道之中謂之正說明經斷史謂
之註說亦云闡說前人未及謂之剟說人云亦云
謂之勦說統括古今謂之雜說街議巷談謂之俗
說亦云小說曲學異端謂之邪說書與畫技能也
而大道存焉書肇於畫卦而篆籀隸正行草體格
遞殊工拙自判說之至正者心正則筆正一語定

山陰攜李俱聲明文物之鄉其所蓄必多物換星移所
謂播遷而焚蕩在所必有今聽松子每當春秋佳日輕
裝襆被放情吳越山水間凡遇前賢名蹟輒頭揩眼
與騷人韻士相賞於泉石間錄置行囊暇集成書其好
古似元遺山而勝之以曠達與亭在他人猶在我之見
如符合世會無常聚於家者每見電散蓬飛集於書者
常得在人耳目遺山之愍敍古器曰某者先大夫官汲
縣時物某某者先東巖教授鄉里時物先隴城官冀州
時物在在有人已之見於胸中如聽松子其兩忘者歟
乾隆丁酉初夏馮偉謹敍

吳越所見書畫錄六卷書畫說鈴一卷

（清）陸時化輯　清光緒婁東陸氏懷煙閣活字印本

陸時化遊歷吳越時，詳細記載知見所及的前人法
書、尺牘、畫跡的信息，並加以點評，是一部記載詳
實、評價精當的書畫錄。

中國國家圖書館藏

同輦猶幸攜傾城馬嵬驛舍慘離別從此江山少顏色

他日郎當蜀道歸南內西風更蕭瑟梧桐葉落吳宮秋

自古歡樂生離愁春陵之歌杜鵑句二詩讀之淚如霪　瀼亭錢荃　名在荃之詞中

此圖畫中兼有詩披卷周覽心嗟吝

棧閣千盤蜀道開青驃經此重徘徊誰將暖翠浮嵐筆

寫出啼猿落日哀　慨　當日劍門初駐輦一時靈武已登

臺可憐行殿風塵夜夢斷西京鶴駕來　洗瓢秀　許培邱

又仇寶父春郊遊騎圖立軸　十洲

絹本青綠高二尺六寸闊一尺五寸二分傲北宋 人畫法刻畫工緻至此極矣　張伯

吳　懷烟閣

又仇寶父水閣觀荷圖立軸

絹本青綠高二尺 闊九寸

仇英寶父　十洲

又仇寶父嬰兒捉蝶圖　十洲　尚古齋

絹本設色高二尺二分零闊一尺三寸五分曾 見蘇漢臣有此景十州乃倣之也

寶父仇英製蠆書　十洲　雪蕉　王蘭堂　中山子　圖書記　日醉

明諸名賢贈徐仲山使節清風圖卷

紙本高皆一尺二寸二分前墨竹一幅無欵長四 尺七寸四分零有勿齋晴厯一日幾回看二印跋 長二丈零二寸七分七縫徐仲山名源成化乙未 進士歷官至浙江布政使副都御史吳郡人此爲 郎中時出使封藩而諸公贈之以詩畫也有沈崇 伯歸恩先生題籤

所見書畫　卷四

吴越所见书画录六卷书画说铃一卷

（清）陆时化辑　清光绪娄东陆氏怀烟阁活字印本

存三卷（四至六）

　　初为陆时化手书上版，随写随刊，刻印极精。后因文中或有为祸之语，陆氏惧祸，急自毁版，已发之书悉追回，付之一炬。

日本永青文库捐赠

群书治要
古镜今鉴

《群书治要》是唐贞观五年（631）由魏徵等人奉敕编纂之书，摘录了 60 余种唐前古书，编次 50 卷，内容主要为治国要领，因而起名《群书治要》。老一辈无产阶级革命家习仲勋同志曾为《群书治要考译》一书题词"古镜今鉴"。

《群书治要》早期囿于禁中，手抄传播，流布不广，至宋时已佚。所幸此书经由日本遣唐使带到日本，成为学习研讨中华文化的一部重要经典，被日本历代天皇及大臣奉为圭臬。平安时代，日本皇室将它作为帝王教育的必读书，形成系统阅读该书的传统。江户时期，《群书治要》从供皇室贵族抄阅，逐渐成为学者研究的重要书籍。宽政八年（1796），日本学者近藤守重将 3 部《群书治要》委托商船带回中国，是书遂为清朝学者所知。《群书治要》的流通互传是中日两国文化交流的见证。

为《"群书治要"考译》题

古镜今鉴

习仲勋

二〇〇一年二月二十五日

习仲勋题字：古镜今鉴

〔群书治要考译 （唐）魏徵、虞世南、褚遂良撰 吕效祖、赵保玉、张耀武主编 团结出版社 2011年〕

群书治要五十卷

（唐）魏徵等辑　日本天明七年（1787）刻本

是书为贞观初年唐太宗诏魏徵、虞世南、褚遂良等贤才重臣，以辑录前人著述作谏书，为大唐“偃武修文”“治国安邦”提供警示的匡政巨著。

日本永青文库捐赠

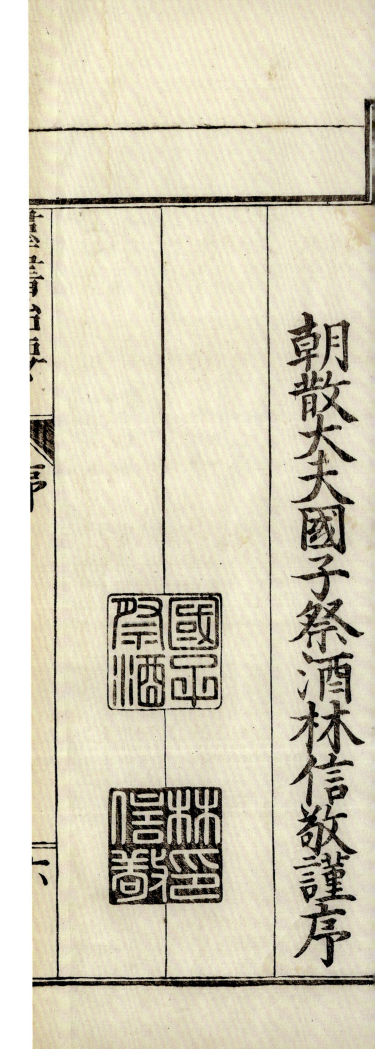

下國家冀昇平之愈
久遠心曠度有不可
勝言者也信敬頒事
亦知遠祖所望信敬
是所以奉 命不敢

辭也

宋人小说
文白变奏

　　《宋元人说部书》为涵芬楼汇集《鹤林玉露》《稽神录》《老学庵笔记》《灯下闲谈》等宋元人笔记小说共计 28 种刊印。中国的笔记小说源于先秦，至魏晋六朝成为我国小说发展的初期形式，至唐代传奇已臻成熟，宋代小说则处于文言小说嬗变和白话小说崛起的重要阶段。

　　此书中的《鹤林玉露》是南宋罗大经所撰笔记，讲述宋代文人轶事。书成于宋淳祐八年（1248），传世有 16 卷本和 18 卷本。其中，18 卷本在明初已罕见流传，直至清末丁日本发现后才回流刊印。书中丙编第 4 卷 "日本国僧" 条，不仅有中日交往相关的史料，还载录了一些汉字与日语对音，可藉以研究古汉语音韵及日本语的发展变化，短短数 10 字如吉光片羽，殊为可贵。《鹤林玉露》在日本曾多次刊印，有庆安活字印本、宽文刻本等，前者可称日本 "古活字" 印本的代表。

书卷为媒　友谊长青

日本永青文库捐赠汉籍入藏中国国家图书馆特展图录

苦茗一杯出步溪邊邂逅近園翁溪友問桑麻說秔稻量時校雨探
籜數時相與劇談一餉歸而倚杖柴門之下則夕陽在山紫綠萬
狀變幻頗刻恍可人目牛背笛兩兩來歸而月印前溪突味子
西此句可謂妙絕然此句突識其妙者蓋少彼牽黃臂蒼馳獵
於聲利之場者但見袞袞馬頭匆匆駒隙影耳烏知此句之妙
哉人能眞知此妙則東坡所謂無事此靜坐一日是兩日若活七
十年便是百四十所得不已多乎

日本國僧
予少年時於鍾陵〔原本作鹽從諸本改〕邂逅日本國一僧名安覺自言離其國
已十年欲盡記一部藏經乃歸念誦甚苦不舍晝夜每有遺忘則
叩頭祈佛陰相是時已記藏經一半突夷狄之人異教之徒
其立志堅苦不退轉至於如此朱文公云今世學者讀書尋行數
墨備禮應數六經語孟不曾全記得三五板如此而望有成亦已

烏臺詩卷十六

難矣其視此僧殆有愧色僧言其國稱其國王曰天人國王安撫
日牧隊通判曰在國司秀才曰殿羅罷僧曰黃榜硯曰松蘇利必
筆曰分直墨曰蘇彌頭曰加是羅手曰提眼曰媚曰口富底耳曰
弸弸面曰皮部心曰毋兒腳曰又兒雨曰下米風曰客安之鹽曰
洗和酒曰沙嬉〔以上僧言其國等九十六字諸本無〕

杜陵論孔明
史言蜀諸賢凋喪孔明身當軍國之務罰二十以上皆親之以勞
瘁致斃此眞兒童之論也夫孔明不死則漢業可復禮樂可興孔
明死則爲五胡亂華爲六朝幅裂其所關係大矣〔大矣諸本作／大矣中營陰〕
星之變天意蓋可知矣豈因罰二十以上自親之而致斃乎且孔
明死時年〔年字諸本無字／綬五原本作四從商興十二年甲寅作興五十四年〕十四初非癃老
不任勞苦之時況以孔明之明達豈不能量事之小大身之勞逸
而顧弊精神於瑣瑣以自殞其軀乎此決無之理也杜少陵知之

烏臺詩卷十六　　六　　涵芬樓

宋元人说部书

商务印书馆校辑　民国商务印书馆铅印本

又名《宋人小说》，为涵芬楼汇集多种宋人
笔记小说刊印。其底本精良，有元、明刻本，影
宋刻本等。

日本永青文库捐赠

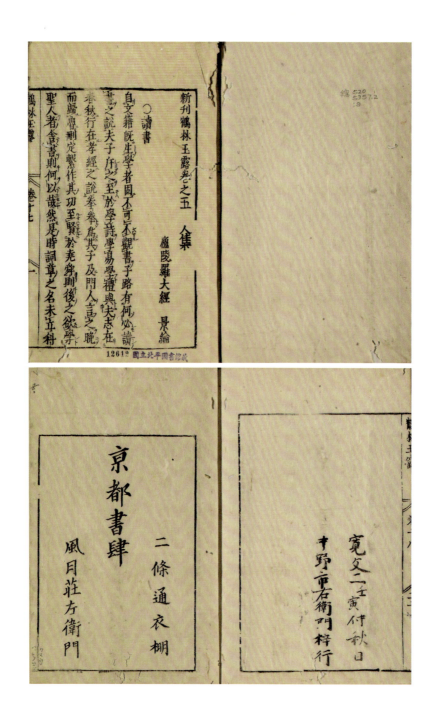

新刊鹤林玉露十八卷

（宋）罗大经撰　日本宽文二年（1662）中野市右卫门刻本

是书分为甲、乙、丙三编，评述唐宋诗文，亦兼论宋代文人轶事，体例介于诗话、语录之间，详于议论，略于考证，文学史料价值很高，是一部别具创见的读书札记。是书在日本多次刊印，此为宽文二年刻本。

中国国家图书馆藏

书卷为媒　友谊长青

日本永青文库捐赠汉籍入藏中国国家图书馆特展图录

佩文韵府
辞藻之典

　　《佩文韵府》是一部清代官修大型辞藻总集，以康熙皇帝书斋"佩文"为名。初编于康熙四十三年（1704），五十年告成，五十九年续撰《韵府拾遗》。是书以韵统字，以字统词，专供文人作诗时选取词藻、押韵对句之用，不仅文人词客引为獭祭之资，普通学者为求押韵，依韵编词，亦藉以征求典宝，盛极一时。《佩文韵府》所收之词，上自先秦典籍，下至明代文人著作，康熙序文称其"囊括古今，网罗巨细，韵学之盛，未有过于此书者也"。此书至今仍是人们查阅古代词语、成语和典故出处极为重要的工具书。

　　《佩文韵府》流传到日本以后，在明治年间有几次刊印，其中明治十五至十八年（1882–1885）凤文馆铜版印本由日本著名书法家严谷修等校阅，流传颇广。

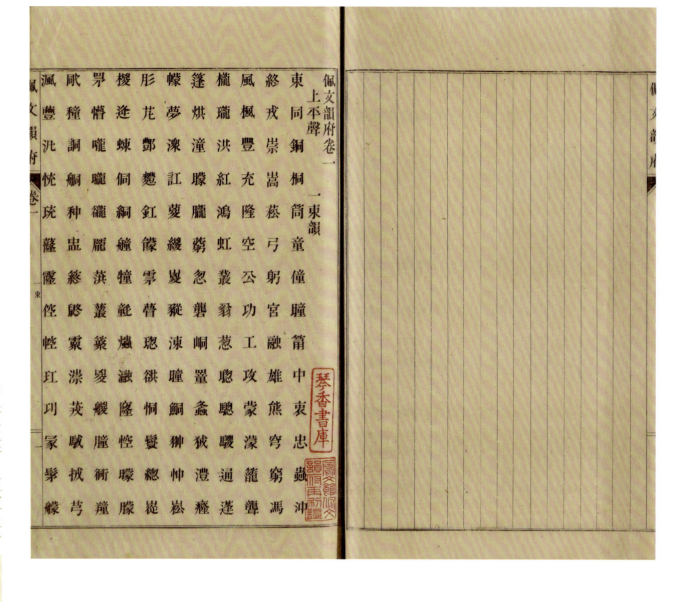

佩文韻府卷一

上平聲

一東韻

東 同 銅 桐 筒 童 僮 瞳 箭 中 衷 忠 蟲 冲

終 戎 崇 嵩 慈 弓 躬 宮 融 雄 熊 穹 窮 馮

風 楓 洪 豐 紅 鴻 虹 叢 忽 笨 翁 工 攻 蒙 濛 籠

嶸 夢 潦 江 蕶 朧 綘 翠 猇 罍 鞏 幪 潼 崇

彤 鄧 蟪 戇 篠 零 嚳 誑 幢 罋 瞳 曈 恫 綢 絅 獅 帥 總

撥 逆 蛛 虹 韝 種 幢 糮 煥 漱 僙 衝 屢 朦 熎 檬

憬 嘡 矓 峒 斩 蓉 幪 蓉 辂 縢 慵 瞳 術 朦 檬

歂 穜 桐 祠 籬 陣 黈 虹 騂 啤 瀜 茦 暾 蟳 甏

颩 豐 沆 恍 琫 蘿 嶐 嶂 崆 扛 孔 家 舉 檬

佩文韵府一百六卷

（清）张玉书等辑　日本明治二十九年（1896）东京共益商社书店石印本

是书以元阴时夫《韵府群玉》、明凌稚隆《五车韵瑞》二书为蓝本加以增订，引录诗文词藻典故约 140 万条。

中国国家图书馆藏

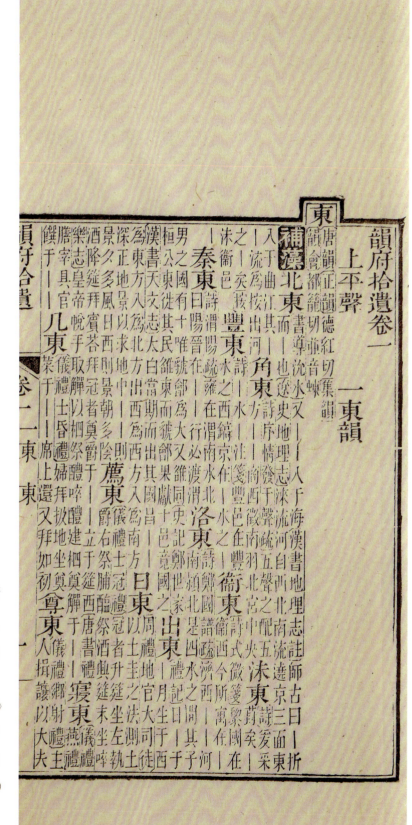

佩文韵府一百六卷
（清）张玉书等辑　**韵府拾遗一百六卷**　（清）汪灏、何焯等辑　清广东岭南潘氏海山仙馆刻本

清康熙皇帝因《佩文韵府》收字词有遗，复命翰林院检讨张廷玉等"搜奇抉秘"，补其缺漏，于康熙五十九年（1720）续辑而成《韵府拾遗》。

日本永青文库捐赠

诸葛孔明
鞠躬尽瘁

　　诸葛亮（181-234），字孔明，琅琊阳都（今山东沂南）人。东汉末隐居隆中，后辅佐刘备联吴拒曹，建立蜀汉政权，曾 6 次兴兵伐魏，卒于军中，谥忠武侯。诸葛亮足智多谋，善于用兵，曾发明连弩、木牛等兵械，作八阵图推演兵法。诸葛亮之文不假雕饰，其《梁甫吟》、前后《出师表》《诫子书》颇为后世称道。出自《后出师表》的"鞠躬尽瘁"，也恰当地描述了诸葛亮一生勤勉、忠节的形象。

　　诸葛亮的形象在平安初期就出现在日本文学作品中。日本元禄年间，湖南文山将罗贯中《三国演义》编译为《通俗三国志》，三国故事和人物在日本家喻户晓。明治以来，专门塑造诸葛亮的诗文作品就有内藤湖南《诸葛武侯》、土井晚翠《星落秋风五丈原》，以及宫川尚志《诸葛孔明》、陈舜臣《诸葛武侯》等。

诸葛亮 （元）赵孟頫绘 故宫博物院藏

餘人突將無前賓叟青羌散騎武騎一千餘人此皆數十
年之內所糾合四方之精銳非一州之所有若復數年則
損三分之二也當何以圖敵此臣之未解五也今民窮兵
疲而事不可息事不可息則駐與行勞費正等而不及早
圖之欲以一州之地與賊持久此臣之未解六也夫難平
者事也昔先帝敗軍於楚當此時曹操拊手謂天下已
定然後先帝東連吳越西取巴蜀舉兵北征夏侯授首此
操之失計而漢事將成也然後吳更違盟關羽毀敗秭歸
蹉跌曹丕稱帝凡事如此難可逆見臣鞠躬盡瘁死而後

已至於成敗利鈍非臣之明所能逆覩也 此表亮集所無 出張儼默記

案漢晉春秋云諸葛亮聞孫權破曹休魏兵東下關中
虛弱十一月上言云云於是有散關之役

薦呂凱表

永昌郡吏呂凱府丞王伉等執忠絕域十有餘年雍闓高
定偪其東北而凱等守義不與交通不意永昌風俗敦直
乃爾以凱爲雲南太守封陽遷亭侯

案蜀志呂凱爲永昌郡吏雍闓降吳吳署闓爲永昌太
守凱與府丞王伉帥厲吏民閉境拒闓亮南征討闓闓

诸葛忠武侯全集二十卷首三卷

（清）胡昇猷纂　清光绪十四年（1888）岐山县署刻本

诸葛亮足智多谋，善于用兵，是中国传统文化中忠臣和智者的象征。诸葛亮文集久佚，明、清有多种辑本。

日本永青文库捐赠

星落秋風五丈原

差別は何のわざならむ
仰げば星はまたゝきぬ
月ほのじろう森黒く
あらし睡れるさよなかに
下界はなるゝ魂二つ。

祁山悲秋の風更けて
陣雲暗し五丈原
零露の文は繁くして
草枯れ馬は肥ゆれども
蜀軍の旗光無く
鼓角の音も今しづか。

丞相病あつかりき。
＊＊＊
＊＊＊

清渭の流れ水やせて
むせぶ非情の秋の聲
夜は關山の風泣いて
暗に迷ふかゝりねは
今風霜の威もすごく
守るとりでの垣の外。

丞相病あつかりき。

帳中眠かすかにて

天地有情

（日）土井晚翠著　日本东京博文馆　1914 年

《天地有情》是日本著名诗人土井晚翠的第一部诗集，书中的《星落秋风五丈原》是土井晚翠的代表作之一，在日本广为流传。全诗分七章，用汉诗调写成，通过追述诸葛亮的一生，对诸葛亮出师未捷身先死的经历极尽咏叹，格调悲凉。

中国国家图书馆藏

　　方孝孺（1357-1402），字希直，又字希古，台州宁海（今属浙江）人，人称"正学先生"。明开国文臣宋濂的弟子，惠帝时任侍讲学士，为朝廷起草诏诰。燕王朱棣兵入京师，命方孝孺起草即位诏书，孝孺坚执不从，被诛灭十族。方孝孺学术醇正，以明王道、致太平为己任，其文章亦强调"文以载道"，力倡文章要明道立政、合乎礼法。而其笔锋纵横、发扬蹈厉，善用寓言、明白晓畅。

　　方孝孺舍生取义，被后人视为忠孝气节的典范，其文章亦因人而重，广为传诵。方孝孺诗文在其生前曾经刊刻，遇难后，文禁甚严。门人王稌藏其遗稿，直至天顺年间才重新刊印，今以24卷本最为通行。

方孝孺 〔摘自《古圣贤像传略十六卷》（清）顾沅辑录
（清）孔莲卿绘像　清道光十年（1830）刊本〕

方正學文粹

方正學文粹卷一

後學村瀬誨輔李惪編次

○上蜀府牋

伏以恭承寵眷，常懷難報之恩；夙荷深知，每耻過情之譽。撫心感怍，省己競慚。敬惟親王殿下，有剛健中正純粹之德，而加之日新，有聰明睿知寬裕之才，而本乎天縱之聖。以忠恕為治國之要，以詩書為養身之增，磨諸太液而山出月。仁政之美，可使物阜而民康，實皇家太平之基，抑道統盛隆之兆，臣受子最陋，黏德未弘雖有志於求

卷一

一

方正学文粹六卷

（明）方孝孺撰 （日）村濑诲辅编 日本文政十二年（1829）刻本

方孝孺学术醇正，力倡文章应明道立政，其诗文浑厚醇正、议论警拔。因触怒朱棣，方孝孺诗文一度被禁。

中国国家图书馆藏

事措置乖方實難免於貽誤而方孝孺叮叮於更

制設官致來燕兵口實亦不無迂闊之譏顧惠帝

上膺正統諸臣目擊時艱削去偪除冀以奠安宗

社自屬臣分所應然至於國勢阽危猶欲以出募

兵意存克復及至相繼鼎鑊而抗詞直斥侃侃不

撓未嘗少降其志凜然大節洵爲無忝綱常正未

可以謀事之不成而概加吹求若成祖之濫誅洩

**方正学先生逊志斋集
二十四卷拾补一卷外
纪一卷**

（明）方孝孺撰　清
同治十一至十二年（1872–
1873）孙熹刻本

日本永青文库捐赠

欽賜扁額

康熙四十四年四月二十六日

忠烈明臣

齊泰黃子澄說者病其首發難端比之蠢錯不知

高宗純皇帝御批通鑑輯覽

御园盛景
诗画相形

日本永青文库捐赠汉籍入藏中国国家图书馆特展图录

　　圆明园始建于清康熙四十八年（1709），最初是康熙帝赐予胤禛的藩邸。雍正三年（1725），雍正首次驻跸圆明园，圆明园于是兼有"苑囿"和"宫廷"双重功能，成为清代多位帝王的园居、理政之所。

　　圆明园在雍正、乾隆两朝都有大规模的扩建。雍正时期，圆明园建成"正大光明""廓然大公"等33景。乾隆九年（1744），圆明园40景建成，其内各有殿阁、斋馆数处。同年，乾隆皇帝御制圆明园诗40首，敕令宫廷画家唐岱、沈源绘制"圆明园四十景"图。乾隆皇帝《圆明园诗》应景而作。每景一图一诗，包括"正大光明""九州清晏""方壶胜境"各处景致，共计40首。御制诗五言、六言、七言不限，古诗、绝句、律诗、词各体皆备，图文相应，形象生动地描绘了圆明园全盛时期的景象。

九州清晏　〔摘自《圆明园四十景图咏》
（清）沈源、唐岱绘　（清）乾隆诗　（清）汪由敦书
世界图书出版公司北京公司　2005年〕

天然圖畫 七言古

碧桐書院 七言絕句

慈雲普護 調菩薩蠻

上下天光 六言絕句

杏花春館 七言律

坦坦蕩蕩 五言古

御製詩

勝地同靈囿

正大光明 五言排律

正大光明

園南出入賢良門內為正衙。不雕不
繪得松軒茅殿意。屋後峭石壁立玉
筍嶙峋前庭虛敞四望牆外林木陰
湛。花時霏紅疊紫層暎無際。

管子賢知之君必立于勝地。故正天下而莫之敢禦也。薛

御制圆明园诗四卷

（清）高宗弘历撰　（清）鄂尔泰、张廷玉等注　清刻朱墨套印本

乾隆皇帝为圆明园四十景御制诗篇。一景一诗，并附相应图景，图文相应，生动地描绘了圆明园全盛时期的景象。

日本永青文库捐赠

御製詩　萬方安和　五言律　一

萬方安和

水心架構形作卍字略彴相通遙望
彼岸奇花繢若綺繡每高秋月夜沈
瀓澄空圓靈在境此百尺地寧非佛
胸涌出寶光耶。

作室軒而豁

［書］若作室家。既勤垣墉。［韓愈］
南海神廟碑
乾端坤倪軒豁

御製詩　廓然大公　五言古　一

平岡廻合山禽渚鳥遠近相呼後鑒。
曲池有蒲菡萏長夏高啟北窗水香。
拂拂真足開豁襟顏。

廓然大公

有山不讓土故得高巕巇［王篇］巇。山名。［集韻］巇。山峯巉巕。
故能成其高
嚴也。［王延壽魯靈光殿賦］上崎巇而重注。

［史記李斯列傳］太山不讓土壤

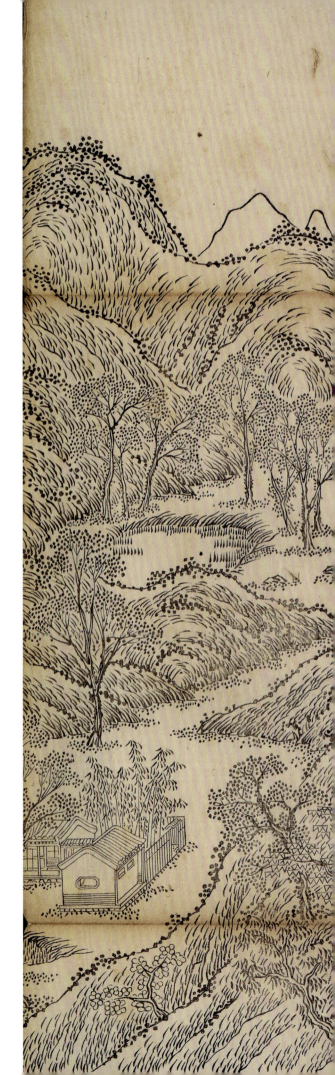

书卷为媒　友谊长青

日本永青文库捐赠汉籍入藏中国国家图书馆特展图录

文选烂
秀才半

　　《文选》是我国现存最早的诗文选集，辑录先秦至南朝梁的各体诗文，共收录先秦以迄南朝齐梁八代 130 多位作家的 700 多篇作品。唐宋科举，加试诗赋，《文选》成为科举考试的必读书，故唐代有"文选学"之号，宋人有"文选烂，秀才半"之语。

　　《文选》在唐代就传入日本。8 世纪日本进士科的考试中，《文选》是帖试的重要内容。日本平安时代，《文选》的辞句、训读文已经出现在《本朝文粹》《源氏物语》等文学作品中。1965 年，永青文库影印出版文库收藏的敦煌写本《文选注》残卷，为《文选》研究提供了新的文献资料，日本敦煌学家神田喜一郎、冈村繁均撰文解说。

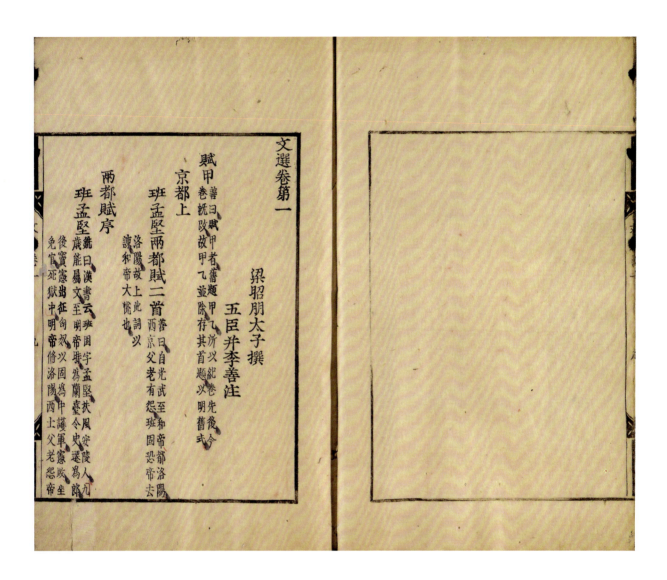

文选注六十卷

（南朝梁）萧统辑 （唐）李善、吕延济、刘良、张铣、吕向、李周翰
注 日本宽永二年（1625）活字印本

《文选》由南朝梁萧统编著，亦称《昭明文选》。《六臣注文选》是唐显庆三
年（658）进呈的李善注本和开元六年（718）吕延祚进呈的五臣（吕延济、刘良、
张铣、吕向、李周翰）注本合刊，分赋、诗、骚、文等38类。注中极多阐幽发
微之处，准确精当，体例严谨，是最有代表性且流传最久的注本。

中国国家图书馆藏

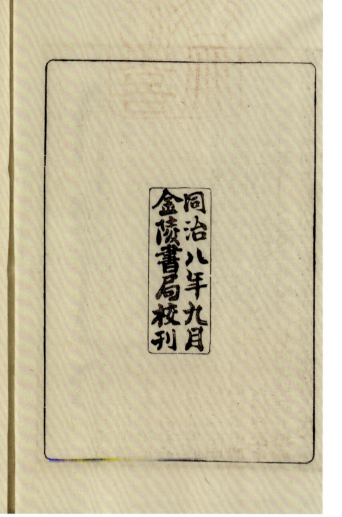

唐李崇賢上文選注表

文林郎守太子右內率府錄事參軍崇賢館直學士臣李善

臣善言竊以道光九野縟景緯以照臨德載八埏麗山川以錯峙

巫咸之文斯著含章之義聿宣協人靈以取則基化成而自遠故

義緯之綱飛葛天之浩唱媧黃之後掞叢雲之奧詞步驟分途星

躔殊建球鍾愈暢舞詠方滋楚國詞人御蘭芬於絕代漢朝才子

綜緝詭說於造年虛玄流正始之音氣質取建安之體長離北度騰

之詞林酌龍東鷟風流於江左爰逮有梁宏材彌劭昭明

之寶故撰斯一集名曰文選後進英髦咸資準的伏惟陛下經緯

大千業應守器譽貞寢居肅成而講藝開博望以招賢搜徑寸

成德文思埒風則大居尊耀三辰之珠璧希聲應物宣六代之雲

章之樂譽居前飛葛天之浩唱

文选六十卷

（南朝梁）萧统辑　（唐）李善注　清同治八年
（1869）金陵书局刻本

此为金陵书局据汲古阁本校刊，刻印精良。钤"滂
喜斋"，为清潘祖荫旧藏。

日本永青文库捐赠

梁昭明太子撰　文林郎守太子右內率府錄事參軍事崇賢館直學士臣李善注上

賦甲　賦甲者舊題甲乙所以紀卷先後今卷既改故甲乙並除存其首題以明舊式

京都上

班孟堅兩都賦二首　自光武至和帝都洛陽西京父老有怨班固恐帝去洛陽故上此詞以諫和帝大悅也

張平子西京賦一首

兩都賦序

班孟堅　范曄後漢書曰班固字孟堅北地人也年九歲能屬文長遂博貫載籍顯宗時除蘭臺令史遷為郎乃上兩都賦大將軍竇憲出征匈奴以固為中護軍憲敗固坐免官遂死獄中

或曰賦者古詩之流也　毛詩序曰詩有六義焉二曰賦故賦為古詩之流也諸引文證皆舉先以明後以示作者必有所祖述也他皆類此

昔成康沒而頌聲寢王澤竭而詩不作　言周道既微雅頌並廢也史記曰周武王崩太子誦立是為成王成王太子釗立是為康王毛詩序曰頌者以其成功告於神明者也樂稽耀嘉曰仁義所生為玉成玉毛詩序曰止乎禮義先王之澤也然則作詩稟乎先王先王之澤竭而詩不作與也孟子曰王者之迹息而詩亡

网罗唐前 汇为鸿篇

《全上古秦汉三国六朝文》是清人严可均校辑的上古至隋的文章总集。严可均（1762-1843），字景文，号铁桥，浙江乌程（今湖州）人。严可均为嘉庆举人，精通小学，辑校经史几十种。清嘉庆年间开全唐文馆，严可均因未能与事，于嘉庆十三年（1808）发奋纂辑此书，历时27年编成。

全书网罗唐前文章，不收史传、诸子、诗赋、专书已有篇章，博采经疏、碑版、类书、杂记、释道典籍，长篇巨制、片言只字无不搜讨。所辑文章，均注明出处，并甄录各书异文，系以作者小传。它是迄今收集唐以前单篇文章最全的总集，虽或有遗漏重复，但在搜辑文献、考辨真伪等方面具有重要的参考价值。因卷帙浩繁，编成后迟迟未刊。直至光绪年间，广雅书局王毓藻主持刊印是书，历时8年经8次校勘，于光绪二十年（1894）刻成。是书稿本今存上海图书馆。

全上古三代文卷九

寫程嚴可均校輯

鬻熊

鬻熊姓羋名熊、祝融之後、陸終第六子季連之裔、年九十
見文王、文王以為師、至武王成王皆師事之、成王大封異
姓、會先卒、子熊麗、孫熊狂亦卒、因封其曾孫熊繹于楚子
孫皆以熊為氏、傳三十一世四十三君、有鬻子一卷、　案史
世家、鬻熊子事文王、熊通曰、吾先鬻熊、文王之師也、此
盍終、而鬻子書言年九十見文王、而武王問成王問及
康故封衛事、計其年宜過百二十、則盍卒
蚤終、謂不及受封先卒耳、非不壽之謂也、

鬻子
　　案漢志道家鬻子
二十二篇、小說家鬻熊說
一篇、隋志僅道家一卷、意林一卷六篇今本
逢行珪注十四篇、以羣書治要校
之實存不錄、錄其佚文、
　　　　　　　　　　者

鬻熊曰、運轉亡已、天地密移、疇覺之哉、故物損於彼盈於
此成於此者虧於彼、損盈成虧隨世隨死往來相接間不

鬻熊

脩羊公

鬼神

天皇大神

孝武帝

西王母

大凡全漢文三百三十四人

段孝直已上卷六十三

大凡全漢文六十三卷

全漢文卷一

烏程嚴可均校輯

高帝

帝姓劉氏諱邦字季沛豐邑中陽里人初為泗上亭長泰二世

元年起兵稱沛公明年楚懷王曰為錫郡長安侯曰子嬰

元年西入關項羽立為漢王都南鄭曰漢五年破項羽即皇帝

位都長安在位十二年諡曰高皇帝廟號太祖亦曰高祖有傳

十三篇漢志在儒家本注曰高祖與大臣述古語及詔策也

重祠詔二年

吾甚重祠而敬祭今上帝之祭及山川諸神當祠者各曰其時禮

祠之如故　祀志上

立吳芮為長沙王詔　五年二月

故衡山王吳芮與子二人兄子一人從百粵之兵已佐諸侯誅暴

全上古三代秦汉三国六朝文七百四十六卷

（清）严可均辑　清光绪十三至十九年（1887-1893）广州
广雅书局刻本

是书网罗唐前文章，博采类书、碑刻，广辑佚文断句。所
辑文章皆注明出处，并列出各书字句异同，又系以作者小传。
是迄今收集唐以前单篇文章最全的总集，在搜辑文献、考辨真
伪等方面具有重要的参考价值。

日本永青文库捐赠

烏程嚴可均校輯

太昊

太昊亦作太皞風姓號伏戲氏以木德王是爲春皇 一云伏羲
氏 一云宓犧氏 一云包義氏 一云庖犧氏都陳在位百十一年
一云百六十四年

十言之教 左傳定四年正義引易

乾坤震巽坎離艮兌消息 云伏羲作十言之教

炎帝

帝生于姜水 說文 因姓姜以火德王稱炎帝 一云赤帝 一云有炎
氏始作耒耜號神農氏 一云農皇以起烈山亦號烈山氏 一云
厲山氏 一云連山氏 一云朱襄氏初都陳後居曲阜在位百二
十年傳八世五百三十年 一云傳十七世 一云七十世 謹案漢藝文志

书囊无底
搜访留真

　　《四部丛刊》是一部辑印古籍善本的大型丛书，由上海商务印书馆自 1919 年至 1936 年先后出版三编。"初编"于 1922 年印成，收书 323 种。1934 年辑印"续编"，收书 81 种。1936 年续出"三编"，收书 73 种。主持辑印者张元济（1867–1959），字菊生，浙江海盐人。清光绪进士，因参加维新运动，戊戌政变时革职。后长期主持商务印书馆，曾辑印《四部丛刊》、百衲本二十四史、《续古逸丛书》等。

　　《四部丛刊》选取经、史、子、集四部中重要典籍，每种书都尽可能选用较早、较好的版本，统一开本，以石印方式复制。张元济在《〈四部丛刊〉刊成记》中这样描述："书囊无底，善本难穷，随时搜访，不敢自足。"1926 年重印"初编"时，就曾将一些书籍更换为更好版本，并增补部分原缺卷帙。

論語卷第二　經一千二百二十二字
注一千九百三十一字

其服亦數斯踈矣之數也
故必有鄰也 子游曰事君數斯辱
也 子曰德不孤必有鄰 方以類聚
敏於言而敏於行 言欲遲鈍而行欲
子曰 苞氏曰訥遲鈍也
約則無憂患也 子曰君子欲訥
則驕溢則招禍儉
曰以約失之者鮮矣 孔安國曰俱奢
者為恥其身行之將不及也 子
也苞氏曰古之人言不妄出口

四部叢刊

張元濟等輯　民國商務印書館影印本

所谓"四部"，即中国古籍传统的经、史、子、集四大部类。
从1919年至1936年，上海商务印书馆先后辑印了《四部丛刊》初编、
续编、三编，收书477种，通过影印方式保存大量珍本古籍。

日本永青文库捐赠

张元济 （摘自《我的父亲张元济》 张树年著　百花文艺出版社　2006 年）

上海涵芬樓景印
董氏景宋本原書
版髙營造尺六寸
一分寬四寸四分

刘梦得文集三十卷外集十卷

（唐）刘禹锡撰　民国商务印书馆四部丛刊本

唐代诗文别集，由著名文学家、思想家刘禹锡著。禹锡字梦得，故名。涵芬楼据董康委托小林忠治郎珂罗版复制本影印，后辑入《四部丛刊》初编。

日本永青文库捐赠

劉夢得文集卷第一

古詩

齊地虛危之分埜也東有淄川東萊琅邪高密

南有泰山城陽兆有千乘清河以南勃海之高

城重合陽信西有濟南平原皆齊分也少昊之

爽鳩氏虞夏時有季則湯時有逢公

殷末有薄姑氏皆為諸侯國此地至周成王時

氏與四國共作亂成王滅之以封師尚父

師古曰武王封太公於齊初未

得爽鳩之地成王以盬之地

名營丘故齊詩曰子之營　今薄我虛懷之間公

海外合作 文化共享

稍益薄今於犯禁寖多至六十餘條可貴哉

化也然東夷天性柔順異於三方之外

故孔子悼道不行設浮於海欲居九夷有以也

浪海中有倭人分為百餘國以歲時來獻見云

終不相盜無諍訟

其田民飲食以籩豆

邑頗有放效吏及內郡

藏及賈人往……者夜則

將無前賓叟青羌散騎武騎一千餘人此皆數

所糾合四方之精銳非一州之所有若復數年

之也當何以圖敵此臣之未解五也今民窮

不可息事不可息則駐與行勞費正等而不及

以一州之地與賊持久此臣之未解六也夫難

昔先帝敗軍於楚當此之時曹操拊手謂天下

先帝東連吳越西取巴蜀舉兵北征夏侯授首

討賊前漢事將成也然後吳更違盟關羽毀敗秭

丕稱帝凡事如此難可逆見臣鞠躬盡瘁死而

　　日本是"徐福行时书未焚，逸书百篇今尚存"的文化之邦，其所藏汉籍既多且精，在海外首屈一指。日本重要的古籍收藏机构，如国立公文书馆（内阁文库）、宫内厅书陵部、国立国会图书馆、东洋文库、静嘉堂文库、尊经阁文库、东京大学东洋文化研究所、京都大学人文科学研究所等，至今仍保存有大量珍籍秘典，是中日两国乃至全世界的重要文化遗产。

　　宇内芸台今咫尺，海外逸书有遗珍。国家古籍保护中心在"中华古籍保护计划"框架下，设立"海外中华古籍调查暨数字化合作项目"，调查海外中华古籍存藏情况，推动海外中华古籍的影印出版和数字资源库建设，使域外汉籍能够为大众所享、为学界所用。

书卷为媒　友谊长青

日本永青文库捐赠汉籍入藏中国国家图书馆特展图录

日本藏书印鉴

　　林申清编著　北京图书馆出版社（今国家图书馆出版社）　2000年

　　　　国家图书馆出版社藏

日本藏汉籍善本书志书目集成

　　贾贵荣辑　北京图书馆出版社　2003年

　　　　国家图书馆出版社藏

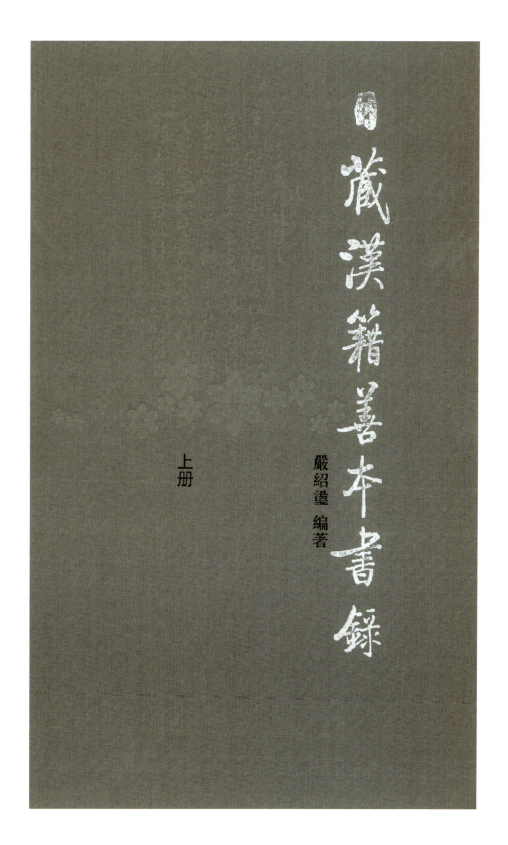

日藏汉籍善本书录

严绍璗编著　中华书局　2007 年

1. 1990 年，书目文献出版社（今国家图书馆出版社）将近百种日藏国内罕见地方志编为《日本藏中国罕见地方志丛刊》，陆续影印出版。2003 年，北京图书馆出版社精选日藏中国稀见地方志 16 种，编为《续编》。

2. 1996 年，上海古籍出版社出版《海外珍藏善本丛书》，其中《日藏宋本庄子音义》《日藏古抄李峤咏物诗注》《唐钞文选集注汇存》等珍稀古籍以影印形式重归故里。

3. 1997 年，日本友人青山庆示将其父亲青山杉雨所藏 8 件 11 种敦煌遗书捐赠敦煌研究院，其中 3 件可与敦煌研究院、敦煌市博物馆的藏品缀合。青山杉雨生前嘱托："无论如何都要将这些古文献归还给中国，这些文物只有回到其原有的地方才更有意义！"成为敦煌藏经洞实体文物回归的开端。

4. 1998 年，北京图书馆出版社出版《日本藏元刊本古今杂剧三十种》，其中《元曲选》不载者即有 17 种。许多剧目明代以来已无刊本，十分珍贵，其中如关汉卿《佳人拜月亭》、王伯成《李太白贬夜郎》等杂剧劲功雄丽，足为绝唱。

5. 1999 年，马继兴等选辑的《日本现存中国稀见古医籍丛书》及 2002 年郑金生主编的《海外回归中医善本古籍丛书》由人民卫生出版社影印出版。2016 年，郑金生主编的《海外中医珍善本古籍丛刊》由中华书局出版。这些医籍的史料文献价值巨大，对医史考证、临床应用和学术研究具有重要意义，堪称国宝。

6. 2002 年，北京大学教授安平秋主编的《日本宫内厅书陵部藏宋元版汉籍影印丛书》由线装书局出版。该丛书共收 66 种古籍，均为中国宋元时期刊刻、后流传到日本、现今保存在宫内厅书陵部的珍贵典籍。

7. 2003 年,《日本藏汉籍善本书志书目集成》由北京图书馆出版社出版。该书收录清末民初著名藏书家、学者和日本汉学家编撰的日藏汉籍善本书志、书目共 8 种,全面反映了 1000 多年来我国古籍流传日本列岛的总体情况,为研究中日古籍流传的历史与现状提供了必要参考。

8. 2003 年,《域外汉籍珍本文库》由西南师范大学出版社和人民出版社出版。文库共影印古籍 800 余册,囊括海外百余家公私收藏机构 2000 多种国内不存或稀见的汉文古籍,为学界建成了一个中国传世文献及东亚汉文化圈研究的基础资料库。

9. 2006 年,《日本所藏稀见中国戏曲文献丛刊》由广西师范大学出版社出版。该书精选日本内阁文库、东京大学东洋文化研究所等机构所藏稀见中国古代戏曲珍本 60 余种,是日藏戏曲文献的有力补充。

10. 2007 年,北京大学严绍璗教授《日藏汉籍善本书录》由中华书局出版,全书共著录日藏汉籍 10000 余条,是世界上第一部全面著录现今保存在日本的中国历代古籍的大型工具书。严绍璗教授长期从事日藏汉籍善本原典的追寻、整理和编纂,其著作如《日本藏宋人文集善本钩沉》《日本藏汉籍珍本追踪纪实:严绍璗海外访书志》等,均是研究中日典籍交流的力著。

11. 2008 年,乔秀岩、宋红主编《日本足利学校藏宋刊明州本六臣注文选》《南宋刊单疏本毛诗正义》由人民文学出版社影印出版。

12. 2010 年,东京大学东洋文化研究所将 4000 余种中文古籍以数字化方式无偿提供给中国国家图书馆,包括珍贵的宋、元、明、清善本和民国时期抄本,经史子集各类俱全,具有重要的史料价值。中国国家图书馆正式开通"日本东京大学东洋文化研究所汉籍影像数据库",向读者提供免费阅览。

13. 2012 年，《重归文献·影印经学要籍善本丛刊》由北京大学出版社出版，丛刊包括东京大学东洋文化研究所藏宋刻本《仪礼经传通解正续编》、日本足利学校《影印南宋越刊八行本礼记正义》等 4 种古籍珍品。

14. 2013 年，北京大学教授杨忠、刘玉才主编的《日本国立公文书馆藏宋元本汉籍选刊》《日本国会图书馆藏宋元本汉籍选刊》由凤凰出版社影印出版，内容为日本国立公文书馆和日本国立国会图书馆所藏的中国宋元善本图书，弥足珍贵。

15. 2013 年，北京大学将日本"大仓藏书"整体收购，共 931 种 28143 册，其中 4 部宋刻递修本及 9 部元刻本均为书品极佳的精刻精印本，具有很高的文物价值和文献价值。这是北京大学图书馆自 1939 年"李氏藏书"入藏以来第一次整体购入逾万册的善本典籍，也是自新中国成立以来中国国有收藏机构首次大规模收购留存在海外的汉文典籍，具有里程碑的意义。

16. 2014 年，《日藏珍稀中文古籍书影丛刊》由国家图书馆出版社出版，收录中文古籍善本书影 20 种，囊括了图书寮（今书陵部）、大阪府立图书馆、静嘉堂文库等日本主要汉籍收藏机构的馆藏精华。

17. 2015 年，《文求堂书目》由国家图书馆出版社出版，收录目前已找到的《文求堂书目》49 种，底本分别来自日本公私藏家，是"中华古籍保护计划"《海外中华古籍书志书目丛刊》的成果之一。

18. 2016 年，《日藏诗经古写本刻本汇编》由中华书局出版。该书收录日本所藏《诗经》文献的影印释录著作，包括日藏《诗经》古写本 5 种、日本所藏中国古代刻本以及日本学者研究《毛诗》的著作。

19. 2016 年，广东省立中山图书馆主编《海外广东珍本文献丛刊》（第一辑）由广东人民出版社出版，共收录海外所藏珍稀广东古籍 70 余种，包括日本东京大学东洋文化研究所、日本东京国立公文书馆和日本静嘉堂文库等日本机构所藏珍本 17 种。

〔康熙〕翁源縣志

〔康熙〕陽春縣志

〔康熙〕程鄉縣志

〔康熙〕臨高縣志

日本藏中國罕見地方志叢刊

日本藏中国罕见地方志丛刊

书目文献出版社　1990 年

　　本书选取了现为日本所藏，国内罕见的地方志近百种，编成丛刊，影印出版。取舍以书的内容价值为重，兼顾版本，择优而从。

海外合作　文化共享

第三单元

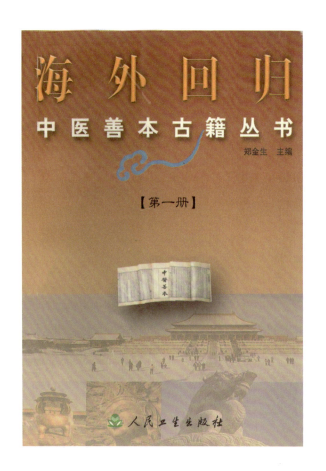

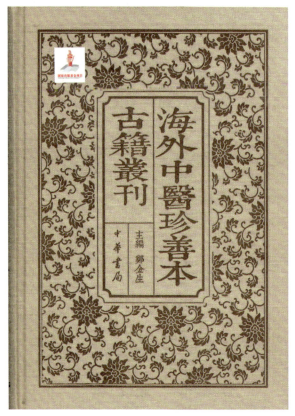

海外回归中医善本古籍丛书

  郑金生主编 人民卫生出版社

2002 年

  本书收书 9 种，主要是中医诊断书。

         中国国家图书馆藏

海外中医珍善本古籍丛刊

  郑金生主编 中华书局 2016 年

  本书将海外的珍稀中医古籍影印出版，

对于中医药文献的发掘和整理具有重要意义。

  中国中医科学院中医临床基础医学研究所藏

域外汉籍珍本文库

中国社会科学院中国历史研究所、中国人民大学国学院编　西南师范大学出版社、人民出版社　2003年

中国国家图书馆藏

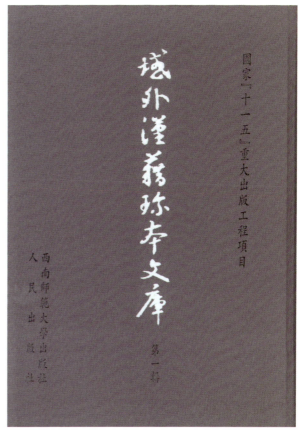

日本国立公文书馆藏宋元本汉籍选刊

杨忠、（日）稻畑耕一郎、顾歆艺等编　凤凰出版社　2013年

本书搜集影印了日本国立公文书馆所藏的中国宋元善本图书，弥足珍贵。

中国国家图书馆藏

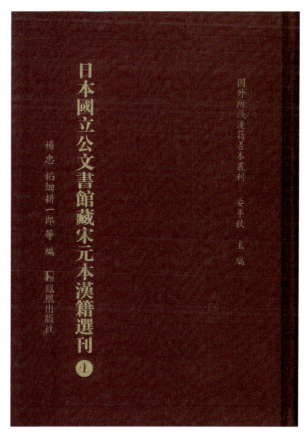

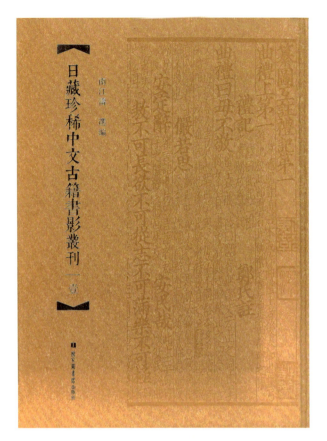

书卷为媒　友谊长青

日本永青文库捐赠汉籍入藏中国国家图书馆特展图录

日藏珍稀中文古籍书影丛刊

　　南江涛选编　国家图书馆出版社 2014 年

　　日本有收藏汉籍善本的传统。本书收录汉文古籍善本书影 20 种，其中含有少量和刻本或抄本，综合性书影有《善本影谱》《静嘉堂宋本书影》等，专题书影有《论语善本书影》《孝经善本书影》等，具有重要的研究参考价值。

　　　　　　　　　　中国国家图书馆藏

文求堂书目

　　（日）田中庆太郎编　（日）高田时雄、刘玉才整理　国家图书馆出版社　2015 年

　　此为《海外中华古籍书志书目丛刊》中的 1 种，收录目前已找到的《文求堂书目》49 种，底本分别来自日本高田时雄先生藏 43 种，日本千代田图书馆藏 2 种、日本神户大学附属图书馆社会科学系图书馆藏 1 种，日本鹤见大学图书馆 1 种，石仓先生家藏 2 种。

　　　　　　　　　　中国国家图书馆藏

約則義微此理之常非隱之也聖人

周平王東周之始王也、隱公讓國之賢

相接言平其位則列國、本乎其始則周

若平王能祈天永命、紹開中興、　箋曰、嚜、興、後皆

祖業、　箋曰宋本加作　弘後皆從宋本、　光啟王室、則西周

不墜、　箋曰宋本跡　作迹、墜作隊、　是故因其歷數附其

成王義垂法將來、　箋曰、周之舊、周公之舊典也、　王義、謂會合舊典、成一王之

王也所用之歷即周正也、所稱之公

周而王魯乎子曰、如有用我者、吾其

宗族尊卑各有差秩足

有無使大倭監之自女王

憚之常治伊都國於國中

國及郡使倭國皆臨津搜

錯下戶與大人相逢道路逡

地爲之恭敬對應聲曰噫

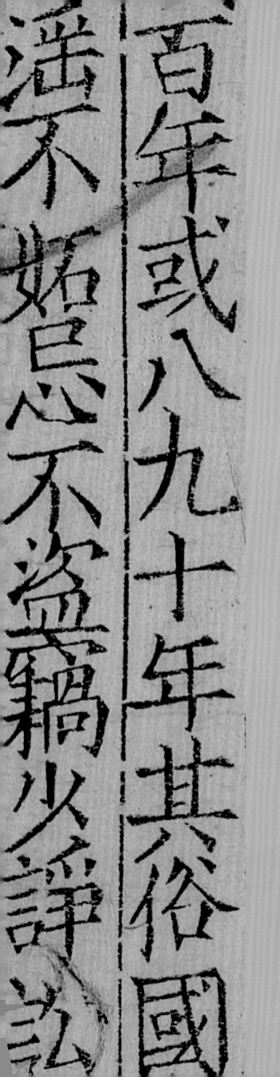

中日典籍文化交流大事记

徐福东渡是中日文化交流的发轫。据《史记·秦始皇本纪》记载，公元前 219 年，"齐人徐市（福）等上书，言海中有三神山，名曰蓬莱、方丈、瀛洲，仙人居之。请得斋戒，与童男女求之。于是遣徐市发童男女数千人，入海求仙人。"这一传说在两国史书和民间流传中不断演绎、丰满，宋代欧阳修的《日本刀歌》中有"徐福行时书未焚，逸书百篇今尚存"之句，不仅肯定了徐福抵日时带去了百工技艺，还把秦始皇焚书前的一大批中国古籍也带到日本，成为了幸存的"逸书"。

2006 年，时任浙江省委书记的习近平到象山考察工作时，发现象山有徐福东渡的遗迹，要求加强挖掘和保护。2008 年 8 月，"徐福东渡传说"成功申报国家级非物质文化遗产。

日本刀歌

宋·欧阳修

徐福行时书未焚，逸书百篇今尚存。
令严不许传中国，举世无人识古文。
先王大典藏夷貊，苍波浩荡无通津。
令人感激坐流涕，锈涩短刀何足云。

欧陽文忠公修像

5 世纪初，"百济王遣使阿直岐者，贡《易经》《孝经》《论语》《山海经》及良马二匹"。应神天皇还派使者去百济将通晓汉文典籍的王仁邀请至日本。据日本史书《古事记》记载："故授命于贡上人，名和迩吉师（即王仁），即《论语》十卷，《千字文》一卷，并十一卷，付是人即进贡"。这是日本记录的汉文典籍东传日本之始，说明此时已有包括《论语》在内的部分经典传至日本。

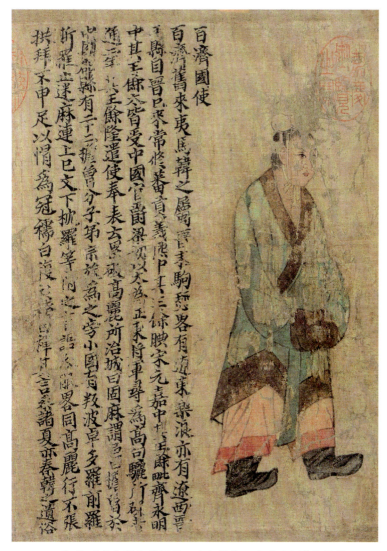

职贡图 （南朝梁）萧绎绘　宋人摹本　中国国家博物馆藏

隋唐时期，中日文化交流欣欣向荣。隋代，日本圣德太子派遣小野妹子等人赴隋，在短短 30 余年间，遣隋使四至隋都，将《世说新语》等汉文典籍传入日本。唐代，日本朝廷共派遣唐使 19 次，《文选》《艺文类聚》《初学记》《白氏文集》等大量著作经由遣唐使、留学僧东传日本。特别是李白、杜甫、白居易的诗歌，深受日本人民喜爱。学习儒家经典和白居易诗文被定为日本天皇必备的修身养性课程。

平安时期著名的"入唐八大家"，包括最澄、空海、常晓、圆行、圆仁、慧运、圆珍、宗叡，将大量佛教典籍及世俗典籍带回日本。据统计，八大家总共持归经书 1700 余部，大批佛像、佛画、佛具、佛舍利，大批碑铭拓本、书法真迹、诗文集、杂书以及孔雀等珍禽异兽、各种日用品和文具之类，为中日两国的文化交流作出了巨大贡献。

唐天宝十二年（753），律宗高僧鉴真（688–763）第 6 次东渡，终于抵达日本。从 742 年至 753 年的 12 年间，鉴真率弟子 6 次东渡，途中遭遇种种磨难，前五次均未成功。鉴真带往日本的有《四分律》《四分律疏》《行事钞》《戒本疏》《羯磨疏》等律宗典籍，还有"天台三大部"《摩诃止观》《法华玄义》《法华文句》等天台宗典籍。鉴真在日本传律授戒，成为律宗之祖，还将中国的文学、建筑、雕刻、绘画、医学等广泛传播到日本，为中日文化交流作出杰出的贡献。

南宋嘉定七年（1214），日本禅僧圆尔辨圆入宋，不仅将禅宗东传日本，使之成为日本文化主流达五六百年之久，还带回经论章疏、语录、儒书等数千卷，其中有朱熹《大学或问》《中庸或问》《论语精义》《孟子精义》及《四书章句集注》等，将"朱子学"也带到日本。宋元时期的理学思想，将儒、释、道三者融于一体，是当时中国的官方思想。大量理学典籍的传入，对日本江户时期的学术思想也产生了深远影响。

大學　　　朱熹章句

大舊音泰今讀如字

子程子曰大學孔氏之遺書而初學

入德之門也於今可見古人為學次

第者獨賴此篇之存而論孟次之學

者必由是而學焉則庶乎其不差矣

大學之道在明明德在親民在止於、至

四書章句集注二十八卷

（宋）朱熹撰　宋嘉定十年（1217）当涂郡斋刻嘉熙四

年（1240）淳祐八年（1248）十二年递修本

中国国家图书馆藏

明万历二十一年（1593），《本草纲目》在中国初次刊印。1606 年，《本草纲目》由江户初期学者林罗山献与幕府，成为《本草纲目》东传日本之发轫，距其在中国刊行仅隔十余年。江户幕府对《本草纲目》极为重视，日本宽永十五年（1638），幕府于江户南北两所（品川、牛迅）设药园，本草之学益盛，《本草纲目》也在日本延续了 300 余年的学习、研究、刊刻盛况。

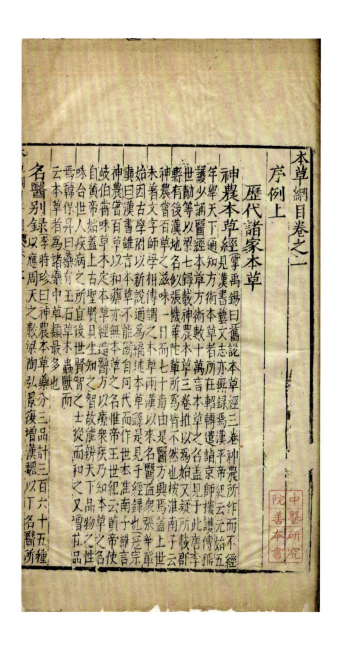

本草纲目五十二卷首一卷附图二卷

（明）李时珍著　明万历二十一年（1593）金陵胡成龙刻本

中国中医科学院图书馆藏

1635 年，日本幕府采取严禁天主教传入的政策，禁止除荷兰和中国以外所有外籍船舶入境，长崎成为日本对外开放的唯一口岸。江户时代，来往长崎贸易的中国商船几乎每艘都载有书籍，数量巨大、种类繁多，有时一艘船能装载几百部书籍。自 19 世纪上半叶以来，书籍传入的速度急剧加快，往往新书问世后不出几个月就可运达日本，袁枚、赵翼、王鸣盛等人的著作在日本往往争相抢购。许多被视为"警世"作用的书籍也大量流入，如魏源的《海国图志》，几年间便有和刻本问世，深受日本朝野及维新志士的广泛传播和推崇，对长期锁国并正受西方列强冲击的日本产生了振聋发聩的深远影响。

雷櫝送至船底位置

海国图志 （清）魏源撰　清道光二十九年（1849）古徽堂刊本

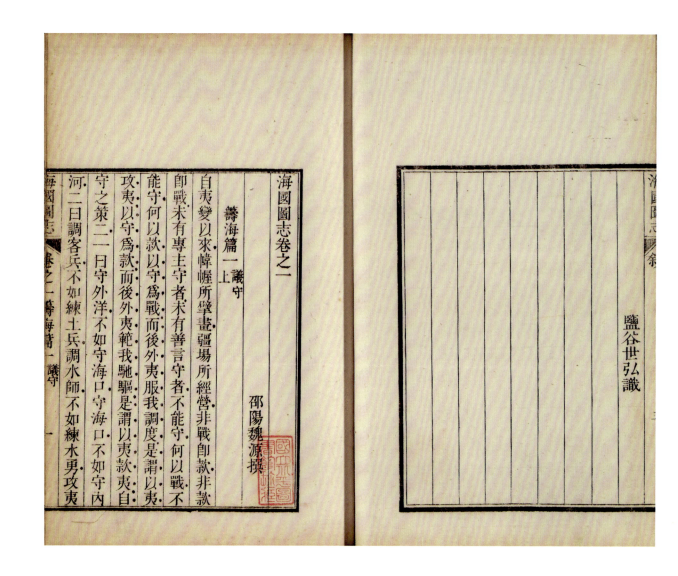

海國圖志卷之一

籌海篇一上　議守

邵陽魏源撰

自夷變以來悼惘所掌畫疆場所經營非戰卽款非
卽戰未有專主守者未有善言守者不能守何以戰不
能守以守爲戰而後外夷服我調度是謂以夷
攻夷以守爲款而後外夷範我馳驅是謂以夷款夷自
守之策二一曰守外洋不如守海口守海口不如守內
河二曰調客兵不如練土兵調水師不如練水勇攻夷

海国图志

（清）魏源撰　日本安政二年（1855）刻本

中国近代史上第一部由国人编写的介绍世界各国情况的巨著。1854年《海国图志》传到日本并被允许出售后，迅速掀起了热潮，激起了日本对西方先进政治、经济、教育文化的学习、仿效的强烈兴趣，最终成为促进"明治维新"的重要动因，对日本的现代化产生了重要的影响。

中国国家图书馆藏

清末民初，中国学者渡日访书，搜集、出版了不少专书、目录和访书杂记，如杨守敬《日本访书志》、傅增湘《藏园东游别录》、孙楷第《日本东京所见小说书目》、董康《书舶庸谭》和叶德辉《书林清话》《书林余话》等。自1922年起，上海商务印书馆陆续编印《四部丛刊》初编、续编、三编，共502种3100多册，是20世纪规模最大的古籍丛书之一。1928年，近现代大出版家、著名学者张元济东渡访书，收获甚丰。张氏从日本搜求回国的珍本秘籍有多种被收入《四部丛刊》续编和三编中，如《太平御览》《东莱先生诗集》《群经音辨》《山谷外集诗注》等，颇具价值。刊出后，引起中日学术界的极大关注。

《四部丛刊》初编、续编、三编所收日藏汉文古籍

初　　编	续　　编	三　　编
《说文解字》	《春秋正义》	《尚书正义》
《刘梦得文集》	《群经音辨》	《礼记正义》
	《饮膳正要》	《诗集传》
	《山谷外集诗注》	《中庸说》
	《东莱先生诗集》	《太平御览》
	《梅亭先生四六标准》	

唐易上經河洛遺文……左氏傳之……

乾下　乾上

　　乾

二、見龍在

注禮易曰

歐陽爲蔽一
安仁平久……

有壁書門一
傳以授于北……
最古凡三十

俗舉事行坐
黃子澄諫……

不偏雖非
伯義非虞

君子終日
近人併伏

可以寧其
園之孜今

重剛之險
剛之險

則處下之
俗異視易

以上不驕在
不驕在

兌於无咎處
易彖三

───

隋唐遺經之
推古天智之
制太寶學令
列聖相承大
讀年月日于
中左近衛野
時參河守教
保承久天祖
安仁平久……
日其俗耕不
計春耕秋收
最古凡三十
龜法視……勢安惠帝
黃子澄諫……

十千委女謀
地爲之恭
錯下戶與
國及郡使……
懼之常治屬
有無徒大全
及宗族尊……
漂不姤忌……
百年或八……置乖方實
官致求……
正統諸臣……
嘗少降其
克復
臣分所
正統
官致求
乖方實
安惠帝

结　语

　　让和平的薪火代代相传，让发展的动力源源不断，让文明的光芒熠熠生辉，是各国人民的共同期待，也是构建人类命运共同体，实现共赢共享的美好目标。

　　中日两国山川异域，风月同天。千余年来，从莽莽昆仑坳，到巍巍富士山，中日两国的文化交往始终未曾间断，两国人民的同源之情历久弥坚。遣唐使团，虚心求取；鉴真东渡，九死不渝——文献典籍，作为中日文化交流的重要载体，为两国人民架起了友谊的桥梁，是两国人民深情厚谊的坚实纽带。

　　亲仁善邻，协和万邦。此次捐赠，作为《中日和平友好条约》缔结40周年的系列活动之一，更见证了两国人民坚定友好的理想信念，是中日两国"推动构建人类命运共同体，推动建设持久和平、共同繁荣的和谐世界"的积极实践。保护好、传承好、利用好人类的共同文化遗产，使之传诸久远，泽被千秋，是中日两国人民的共同愿望和不懈追求。

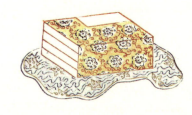

图书在版编目（CIP）数据

书卷为媒　友谊长青——日本永青文库捐赠汉籍入藏中国国家图书馆特展图录 / 国家图书馆，
国家古籍保护中心编 . -- 北京：国家图书馆出版社，2018.11

ISNB 978-7-5013-6591-3

Ⅰ . ①书… Ⅱ . ①国… ②国… Ⅲ . ①汉语－古籍－中国－图录 Ⅳ . ①Z838

中国版本图书馆CIP数据核字（2018）第228272号

书　　名	书卷为媒 友谊长青——日本永青文库捐赠汉籍入藏中国国家图书馆特展图录	
著　　者	国家图书馆　国家古籍保护中心　编	
责任编辑	土燕来　黄　鑫	
装帧设计	文化·邱特聪	
出　　版	国家图书馆出版社（100034　北京市西城区文津街7号）	
	（原书目文献出版社　北京图书馆出版社）	
发　　行	010-66114536　66126153　66151313　66175620	
	66121706（传真）　66126156（门市部）	
E-mail	nlcpress@nlc.cn（邮购）	
Website	www.nlcpress.com →投稿中心	
经　　销	新华书店	
印　　装	天津图文方嘉印刷有限公司	
版　　次	2018 年 11 月第 1 版　2018 年 11 月第 1 次印刷	
开　　本	889×1194（毫米）　1/16	
印　　张	13	
书　　号	ISBN 978-7-5013-6591-3	
定　　价	260.00 元	